For Hans Dieter Betz,
a small souvenir
of Princeton in the
time of magic —

Glen *Bowersock*

28 iii 95.

LE MARTYRE DE PIONIOS

PRÊTRE DE SMYRNE

LE MARTYRE DE PIONIOS

PRÊTRE DE SMYRNE

ÉDITÉ, TRADUIT ET COMMENTÉ

PAR

LOUIS ROBERT

mis au point et complété par
G. W. Bowersock et C. P. Jones

avec une préface de Jeanne Robert
et une traduction du texte vieux-slave
préparée par André Vaillant

Dumbarton Oaks Research Library and Collection
Washington, D.C.

Library of Congress Cataloging-in-Publication Data

Martyrium Pionii. French and Greek.
    Le martyre de Pionios, prêtre de Smyrne / édité, traduit et commenté par
Louis Robert ; mis au point et complété par G. W. Bowersock et C. P. Jones :
avec une préface de Jeanne Robert et une traduction du texte vieux-slave
préparée par André Vaillant.
        p.   cm.
    Includes bibliographical references and indexes.
    ISBN 0-88402-217-X
    1. Pionius, Saint, d. 251.   2. Christian martyrs—Turkey—İzmir—
Biography.   3. Martyrologies—History and criticism.   I. Robert, Louis,
1904– .   II. Bowersock, G. W. (Glen Warren), 1936– .   III. Jones, C. P.
(Christopher Prestige), 1940– .   IV. Title.
BR1720.P5M37814   1994
272′.1′092—dc20
[B]   93-24110
                                                                                            CIP

TABLE DES MATIÈRES

PRÉFACE

Depuis la conférence sur le martyre de Pionios qu'il avait prononcée à Varsovie en 1968, Louis Robert n'avait cessé jusqu'à sa mort d'ajouter à son dossier des notes qui devaient lui permettre d'élargir et de préciser son sujet, de le comparer à d'autres récits de martyres, de l'insérer davantage dans la vie sociale, religieuse et politique de l'époque.

Je ne me sentais pas assez compétente dans ce domaine pour rassembler et exploiter toutes ces notes et pour achever son travail. Je montrai tout le dossier à deux savants qui étaient nos amis et qui m'avaient soutenue après la mort de mon mari, Glen W. Bowersock et Christopher P. Jones. Le champ de leurs travaux personnels m'incitait aussi à cette démarche. Ils acceptèrent cette tâche, qui demandait pourtant un gros effort, car en dehors du texte de la conférence, du texte grec et de la traduction, et d'une partie du commentaire, un grand nombre des additions de mon mari pour le commentaire était en une écriture et un style très cursifs, difficiles à déchiffrer souvent même pour moi, avec des abréviations parfois personnelles qu'il fallait élucider.

La secrétaire de Glen Bowersock, Dr. N. A. Levine, contribua avec efficacité et gentillesse à ce déchiffrement.

En outre il fallait, pour compléter le commentaire, utiliser ce qui avait paru depuis 1985, nouveaux documents, nouvelles études de savants, et le nombre en était grand. Glen Bowersock et Christopher Jones l'ont fait avec une extrême discrétion, à tel point que, la plupart du temps, on ne devine leurs propres contributions que par la date des publications citées. Je ne trouve pas de mots pour leur témoigner mon émotion et ma reconnaissance.

Jeanne Robert

INTRODUCTION BY THE EDITORS

For many years Louis Robert assembled material for an edition of the Greek text of the *Martyrium Pionii,* together with introduction, translation, commentary, and appendices. The work was to appear in the series Sources chrétiennes. Robert valued highly the historical evidence of the *martyrium* and considered the work not only authentic but a "jewel" among ancient texts. After his death Mme Jeanne Robert entrusted the preparation and publication of his surviving work on Pionios to the undersigned. We have accepted this responsibility as an expression of our profound gratitude to this great scholar.

Although Robert's files on Pionios are vast and wide-ranging, they are insufficient to establish anything like the final version that he would have prepared. But his intentions and interpretations are clear throughout, and the work had already outgrown the format of the Sources chrétiennes. His notes deserve to be available to future generations of scholars, and we have edited and supplemented them in French so as to incorporate, wherever possible, his original words. We have had at our disposal the precious text of his lecture on Pionios delivered in Warsaw in 1968, from which we cite *in extenso* by way of introduction to the *martyrium.* We also have the handwritten translation of the Old Church Slavonic text of the martyrdom prepared by André Vaillant on the basis of the Codex Suprasliensis and given to Robert for his commentary. We publish it here for the first time, as an Appendix. We possess Robert's edition of the Greek text in his own hand and reproduce it here together with his translation into French. He had prepared his commentary chapter by chapter and phrase by phrase. We have followed that format.

Robert's public references to his work on Pionios and his interpretation of the *martyrium* were relatively numerous. His views were thus known in outline:

(1) *Opera Minora Selecta* IV, 187: report of a lecture in Smyrna, May 1960

(2) Ibid. 201: report of a lecture in Athens, April 1961

(3) Ibid. 325: report of a lecture in Warsaw, May–June 1968

(4) *Opera Minora Selecta* II, 835 (*REA* [1960], 319): εἰκὼν χρυσῆ in *Mart. Pion.* IV: date; importance for topography of Smyrna

(5) *Hellenica* XI–XII (1960), 262 n. 9: *Mart. Pion.* XIII and Jewish community of Smyrna; topography

(6) *Villes d'Asie Mineure*² (1962), 290–92: *Mart. Pion.* XXI–XXIII; Lydia Katakekaumene; interpolation in text; Baths of Agamemnon west of Smyrna; cf. also 306

(7) *À travers l'Asie Mineure* (1980), 423: grandeur of Smyrna; weaknesses of Musurillo's edition

(8) J. and L. Robert, *Fouilles d'Amyzon en Carie* I (1983), 262 n. 16: crucifixion and necromancy; *uenationes*.

We are grateful to Angeliki Laiou, Director of Dumbarton Oaks, and to Henry Maguire, Director of Byzantine Studies at Dumbarton Oaks, for the warm welcome they have accorded this volume among the publications of their preeminent center for Byzantine studies. Louis Robert's extraordinary insight into the historical context of this third-century martyrdom illustrates his unique skill in interpreting literary evidence in the light of inscriptions, coins, papyri, archaeology, and topography. The whole world of Smyrna on the eve of late antiquity is evoked here: its language already being transmuted into Byzantine Greek, its social tensions that persisted in the centuries to come, its sources of local pride, and its solid strata of polytheism and Judaism. The martyrdom of Pionios was to provide one of the most famous and influential of the martyr acts, and the interest this Greek text aroused in the Middle Ages is attested by the surviving translations into Armenian, Old Church Slavonic, and Latin.

G. W. Bowersock
C. P. Jones

cum tuis sanctis apostolis et martyribus,
cum Joanne . . . Ignatio . . . Felicitate Perpetua
. . . Polycarpo, Pionio et omnibus sanctis tuis.

aux Rév. Pères Capucins de l'Ordre des
Frères Mineurs de la paroisse Saint Polycarpe
à Smyrne, en souvenir amical des séjours de la
mission dans leur maison au retour d'Anatolie.

INTRODUCTION

Extrait de la conférence prononcée à Varsovie en 1968

Je parlerai du martyre de Pionios à Smyrne au milieu du IIIe siècle. Ce que je voudrais mettre en lumière, ce sont différentes questions de méthode, qui se groupent autour de ce thème essentiel: le lien entre les textes et l'archéologie. Nous verrons que ce sont des documents archéologiques — au sens large et naturel du terme, ici des monnaies et des inscriptions — qui mettent hors de doute l'authenticité des Actes de ce martyr, de cette Passion de Pionios. Ce sont eux, aussi, qui en assurent la date, contre une datation divergente soutenue récemment. En revanche, nous verrons que ce texte, entièrement négligé jusqu'ici à ce point de vue, est d'une importance capitale pour la topographie de Smyrne à l'époque impériale et même déjà à l'époque hellénistique; en effet c'est lui — et lui seul — qui permet de fixer l'emplacement d'un des sanctuaires les plus illustres de Smyrne, celui des déesses Néméseis. Ce texte ouvre la voie à des fouilles, si on voulait les faire. En échange, la connaissance si précise de la topographie de Smyrne manifestée dans ce texte en assure, elle aussi, l'authenticité.

Le martyre de Pionios date, je l'ai dit, du IIIe siècle. Nous y voyons là, comme dans tous les actes des martyrs, l'antiquité chrétienne mêlée à l'antiquité païenne, les chrétiens vivant dans l'empire romain avec ses institutions et ses monuments. Trop souvent dans la science il y a séparation entre ces deux mondes, chrétien et païen; or, il s'agit de deux aspects d'un même monde, qui vivent ensemble dans la vie quotidienne. Nous verrons dans l'explication les détails très précis du texte chrétien qui s'expliquent par le détail des institutions de l'empire romain et de la vie municipale à cette époque.

Le martyre de Pionios fut connu pendant longtemps par une courte version latine, publiée en divers endroits, dont les *Acta Sanctorum* des Bollandistes et le recueil de Ruinart, mais c'est une version assez modifiée, qui a inspiré des jugements hésitants sur la valeur historique de ces Actes, jugements qui pèsent encore sur l'avis que se transmettent des savants.[1] Ce n'est qu'en 1896 que le texte grec original fut publié par Oscar von Gebhardt dans l'*Archiv für slavische Philologie*. Une version arménienne fut publiée en 1914 et il y a deux versions vieux-slave, dont l'une n'est pas publiée; toutes sont très littérales.

Voici le bref résumé des événements. Le 23 février on arrête à Smyrne Pionios, prêtre de l'église catholique, Sabine, confesseur, Asclépiadès, Macédonia et Limnos, prêtre. Ils sont conduits *à l'Agora* et ils refusent de sacrifier. Pionios prononce un discours à l'Agora. On insiste beaucoup pour qu'ils sacrifient et ne soient pas "punis"; ils refusent. Le néocore Polémon, qui préside à la séance, procède alors à un interrogatoire officiel, le sténographe (*notarius*, νοτάριος) enregistrant tout. Les chrétiens persistant dans leur refus, ils sont menés en prison. Leur vie en prison est évoquée; surtout les discours de Pionios aux fidèles, ses exhortations, ses avertissements sont condensés en trois pages des plus intéressantes et curieuses. Le néocore et l'hipparque viennent les extraire de la prison — nous verrons dans quelles conditions — pour les emmener manger la viande des sacrifices à l'autel. Un récit très animé décrit la scène; ils ne peuvent être contraints, malgré l'apostasie de l'évêque Euktémon. On les ramène alors en prison. Lorsque le proconsul romain, le gouverneur de la province d'Asie, vient à Smyrne, — c'est-à-dire quand il y tient le *conuentus iuridicus*, la session de sa tournée judiciaire dans les capitales des districts de la province — les chrétiens comparaissent devant lui, le 12 mars. Le procès-verbal donne exactement questions et réponses. Comme le néocore Polémon, le proconsul cherche à sauver Pionios en trouvant une formule pour qu'il sacrifie. Pionios s'enferme dans le silence. Le proconsul alors le condamne, non point à être jeté aux bêtes (il ironise là-dessus), mais à être brûlé vif. La sentence est exécutée au stade.

Il se pose d'abord une question de chronologie. Nos Actes mêmes du martyre de Pionios étaient connus de l'historien chrétien Eusèbe de Césarée. Celui-ci les résume en quelques lignes, et il les date du règne de Marc Aurèle, comme le martyre, antérieur, de l'évêque de Smyrne, Saint Polycarpe, brûlé lui aussi au stade. Mais les Actes eux-mêmes donnent pour date la persécution de Dèce, c'est-à-dire l'année 250, en deux passages explicites, au début et à la fin. Il n'y a, à mon sens, pas de raison de suspecter l'autorité de ces deux passages. Mettons-les pourtant de côté.

---

[1] Voir les observations dans la note à la fin de cette introduction.

Il y a encore une indication chronologique précise dans un passage intimement lié au récit. Il s'agit de l'interrogatoire de la chrétienne Sabine, qui avait été esclave.

"On en vint ensuite à Sabine. Pionios lui avait dit à l'avance: 'Donne pour nom Théodotè'; c'était pour éviter qu'elle ne tombât de nouveau, à cause du nom, dans les mains de l'impie Politta, qui avait été sa maîtresse. Car celle-ci, *du temps de Gordien,* ἐπὶ καιρῶν Γορδιανοῦ, pour faire changer de foi Sabine, l'avait enchaînée et expédiée dans les montagnes. [Ces montagnes, c'est celles que l'on voit de Smyrne; à l'est, la grande montagne célèbre, le Sipyle; au nord, le Yamanlar Dağ.] Là, elle reçut des vivres en secret des frères. Puis on avait eu à cœur de la libérer de ses liens et de Politta. La plupart du temps, elle vivait en compagne de Pionios et elle fut arrêtée dans cette persécution." C'est à cause de ses souffrances antérieures qu'elle était qualifiée de "confesseur," ὁμολογήτρια. "L'époque de Gordien," c'est-à-dire de 238 à 244.

À cause de ces indications, on a toujours adopté la date de *Dèce,* 250; et on a admis justement qu'Eusèbe avait commis une erreur, parce que, comme il le dit, il lisait en un même écrit les actes de Pionios et ceux de Polycarpe, dans un volume donnant les actes des martyrs de Smyrne.

Il y a quelque temps, l'éminent et ingénieux byzantiniste Henri Grégoire a soutenu avec vigueur la date: Marc Aurèle.[2] Son autorité a entraîné quelques savants qui n'ont pas relu les Actes de Pionios ou n'ont pas fait les recherches nécessaires. En sorte qu'il est devenu nécessaire de discuter.

Henri Grégoire a voulu se débarrasser du passage sur Sabine, en corrigeant les mots ἐπὶ καιρῶν Γορδιανοῦ et en les déplaçant, pour arriver à y mettre un sens local, topographique, en rapprochant indûment le nom de la ville de Gordos, à 150 km. de Smyrne à vol d'oiseau, à l'autre extrémité de la Lydie. C'est une aberration et une fantaisie de correcteur de textes contre la philologie et l'histoire.

Ce qui m'intéresse, c'est de tirer deux preuves chronologiques de deux autres passages, en les mettant en relation, comme je l'ai dit, avec les documents archéologiques.

Pionios, la première fois où il est amené à l'Agora, fait un grand discours. Le peuple est rassemblé. Pionios est un homme cultivé. Son auditoire, ce sont les habitants de Smyrne, la ville où la rhétorique est tellement en honneur, la ville qui est, en Asie, comme la capitale de la

[2] *Académie royale de Belgique, Mémoires* 46 (Bruxelles, 1951).

rhétorique. Pour eux, il a fait un discours d'apparat, une ἐπίδειξις selon le terme, — et le ton est entièrement différent des entretiens qu'il aura dans la prison pour exhorter ses coreligionnaires à être fidèles. Ce discours d'apparat, où Pionios veut à la fois convaincre et montrer sa culture, se faire respecter de ses auditeurs en leur parlant leur beau langage, est introduit ainsi.

"Ayant donc levé la main, Pionios, le visage radieux, fit un exposé en ces termes," ἐκτείνας οὖν τὴν χεῖρα ὁ Πιόνιος φαιδρῷ τῷ προσώπῳ ἀπελογήσατο εἰπών:

"'Citoyens qui vous vantez de la beauté de Smyrne, qui vous glorifiez d'Homère, né, à ce que vous dites, du Mélès, et ceux des Juifs qui sont parmi vous, écoutez-moi un peu.'" Il y avait à Smyrne une très importante population juive, et il en est plusieurs fois question dans les Actes de Pionios, notamment dans les discours dans la prison. Ἄνδρες οἱ ἐπὶ τῷ κάλλει Σμύρνης καυχώμενοι, οἱ ἐπὶ τῷ Μέλητος, ὥς φατε, Ὁμήρῳ σεμνυνόμενοι.

"La beauté de Smyrne," τῷ κάλλει Σμύρνης. On a dit: oui, Smyrne était vraiment une très belle ville à l'époque impériale. Le commentaire doit être tout autre. "Vous vous vantez de la beauté de Smyrne," καυχώμενοι. C'est une allusion directe à une chose très précise: au titre porté officiellement par Smyrne dans les documents officiels. Il y a à cette époque dans les villes grecques un terrible goût des titres, dont les cités font parade dans leurs inscriptions et sur leurs monnaies. Il y a des disputes sans fin sur le rang respectif des villes, sur le premier rang, disputes arbitrées par les gouverneurs romains ou les empereurs. On a ainsi retrouvé sur la pierre une lettre savoureuse de l'empereur Antonin à la ville d'Éphèse qui s'était plainte que les Pergaméniens n'aient pas employé le titre auquel elle avait droit. Il y a aussi une constante rivalité entre les deux grandes villes de la Bithynie, Nicée et Nicomédie; je montrerai que Nicée fut forcée d'effacer, de marteler, sur des inscriptions un titre qu'elle avait pris.[3] De même entre les deux grandes villes de la Cilicie, Tarse et Anazarbe. Il y a une dispute sans fin, dans la province d'Asie, entre Éphèse et Pergame pour le titre de "première de l'Asie," "première métropole de l'Asie." Smyrne ne peut prétendre rivaliser avec ces très grandes villes. Dans la hiérarchie des villes, certaines seront encore heureuses de mettre sur leurs monnaies "sixième de l'Asie" ou "septième." Smyrne veut pré-

---

[3] Voir le commentaire sur IV.2.

tendre à un titre de "première." On a trouvé — trouvaille qui peut servir de modèle dans les difficultés diplomatiques, quand on cherche "une formule"—: "premiers de l'Asie par la beauté et la grandeur," πρώτων τῆς Ἀσίας κάλλει καὶ μεγέθει. Cela signifie que les Smyrniens ne sont pas vraiment "les premiers," comme les Éphésiens et les Pergaméniens; mais ils sont "les premiers par la beauté et la grandeur" de leur ville. Comme si souvent, le développement du titre masque — ou marque — son infériorité. Ils ne sont pas le Numéro Un par l'importance, par le rang véritable; ils le sont, ils méritent de l'être, par la beauté et la grandeur, — beauté et grandeur que peuvent négliger Éphèse et Pergame. Smyrne est la seule ville de la province d'Asie à arborer dans son titre sa "beauté." Elle le grave dans ses inscriptions et sur ses monnaies.

Par là s'explique le vrai sens de l'exorde de Pionios, le sel de ce texte, le sens plein de καυχώμενοι. Pionios connaît bien ses compatriotes qui attachent une telle importance à ce titre, qui s'en parent fièrement. Il commence par là.

C'est aussi comme une allusion à un titre officiel que la mention d'Homère. Homère est le type d'un grand nombre de monnaies de Smyrne. À l'époque impériale, il est un de ceux qui, dans la catégorie des monnaies que nous appelons "pseudo-autonomes," remplacent au droit le portrait de l'empereur. De façon très étroite, ce rappel d'Homère, "votre maître," dit Pionios aux Smyrniens, ce titre de noblesse de Smyrne va servir à Pionios pour rappeler les Smyrniens au respect envers ceux qui meurent, par une allusion à un vers de l'*Odyssée*. D'autres citations, empruntées à l'Ancien Testament, sont, celles-là, à l'usage des Juifs nombreux dans l'auditoire, Moïse et Salomon: "si tu vois la bête de ton ennemi tombée sous la charge, tu ne passeras pas, mais tu la relèveras," etc.

Ainsi le rapprochement des inscriptions et des monnaies explique un texte dans sa vérité, en fait comprendre les allusions et l'inspiration. D'où une première conclusion: valeur du texte, son authenticité. Cette fine allusion à la beauté de la ville était éclatante pour les auditeurs; on ne l'a pas comprise jusqu'à maintenant, jusqu'à ce qu'elle soit mise dans les documents archéologiques.

En second lieu: c'est une précision *locale,* pour un discours à Smyrne, exactement pour le public de ce discours sur l'Agora; ce n'est pas une phrase dite ou écrite pour la postérité, pour les lecteurs d'ailleurs, — écrite par un fabricant de Vies de Saints.

En troisième lieu: conséquence pour la chronologie. Smyrne a porté le titre que j'ai dit, depuis Caracalla, qui a tranché ces disputes. Ce titre apparaît sur ses monnaies avec Caracalla, et depuis Caracalla aussi sur les inscriptions. L'exorde de Pionios est donc bien à sa place en 250, mais *pas* déjà sous Marc Aurèle.

Il est une autre indication chronologique, inséparable du récit (comme celle de Gordien pour Sabine), et qu'il faut y découvrir.

Dans la scène du sacrifice, au sanctuaire des Néméseis, il y a une violente discussion auprès de l'autel. Il y intervient un nommé Rufinus, qui veut persuader au groupe des chrétiens de sacrifier. "Un certain Rufinus qui se trouvait là, ayant la réputation d'être un des meilleurs rhéteurs, τῶν ἐν τῇ ῥητορικῇ διαφέρειν δοκούντων, lui dit: 'Pionios, cesse, ne professe pas de vaines théories,' παῦσαι, Πιόνιε, μὴ κενοδόξει. [κενοδοξεῖν, c'est un mot de la polémique entre philosophes; Rufinus parle à un confrère, et Pionios le prend mal.] Pionios lui répondit: 'Voilà tes discours, voilà tes livres! Socrate n'a pas subi des Athéniens un tel sort. [Socrate est un modèle fréquemment allégué par les apologistes chrétiens.] Maintenant il n'y a que des Anytos et des Mélétos. Est-ce que Socrate, Aristide, Anaxarque et les autres professaient de vaines théories, d'après vous, parce qu'ils pratiquaient la philosophie, la justice et la constance?' Rufinus n'eut rien à répondre à ces mots."

Or, on possède plusieurs émissions de monnaies de Smyrne à l'effigie de Gordien (de 238 à 244), qui portent cette mention: Ἐπὶ στ(ρατηγοῦ) Ῥουφίνου σοφιστοῦ, "étant stratège (c'est-à-dire le magistrat principal de la ville en cette année) Rufinus le sophiste." Nous sommes six à dix ans avant la persécution de Dèce. Le sophiste Rufinus des monnaies est évidemment le même que le Rufinus des Actes, ἐν τῇ ῥητορικῇ διαφέρειν δοκῶν.

Témoignage magnifique. Voilà un trait qui ne peut être inventé après coup par un fabricant de Vies de Saints. C'est un témoignage infaillible de l'authenticité et du caractère local du document. C'est aussi une nouvelle preuve pour la date: pas sous Marc Aurèle.

À vrai dire, on connaît à Smyrne un autre sophiste Rufinus, Claudius Rufinus, et il était plus célèbre, à une époque antérieure. Il est connu par Philostrate, par une lettre de Septime Sévère et de Caracalla conservée sur la pierre, et, lui aussi, sous les Sévères, sur les monnaies aux effigies de Septime Sévère, Géta, Caracalla et Julia Domna. Si l'on voulait y reconnaître le Rufinus des Actes de Pionios, on serait reporté à l'époque des Sévères, en aucun cas à celle de Marc Aurèle.

Ainsi, le texte des Actes de Pionios, ignoré des numismates, donne vie à ce nom du sophiste sur les monnaies. Ce n'est plus un nom quelconque, parmi tant de milliers inscrits sur les monnaies à l'époque impériale. Ce devient une personne. Pionios parle des livres de Rufinus: ταῦτά σοι τὰ βιβλία. Ces livres ont disparu, mais un mot de lui a subsisté, avec répartie de Pionios. Quel lien étroit, une fois de plus, entre ces documents d'origine différente! Actes d'un martyr chrétien, monnaies, inscriptions.

Nous avons maintenant deux preuves de plus de la chronologie du martyre de Pionios sous l'empereur Dèce en 250. Il faut remarquer autre chose, qui aurait dû paraître éclatant. Tout le récit baigne dans l'atmosphère de la persécution de Dèce. Trait essentiel, la foule des défections, y compris l'évêque, des *lapsi.* Cela paraît — et sans être dissimulé! — d'un bout à l'autre du récit. L'analyse le marquerait à chaque épisode, depuis le premier. Pionios et ses compagnons sont convoqués à l'Agora pour sacrifier. "Pionios, ayant pris trois cordes les passa autour de son cou et de ceux de Sabine et d'Asclépiadès, et ils attendaient dans la maison. Il fit cela pour que, quand ils seraient emmenés, personne ne s'imagine que, *comme les autres,* ils vont pour manger la viande infâme, mais pour que tous sachent qu'ils ont décidé d'être conduits aussitôt en prison." C'est exactement la tenue des condamnés (sauf que Pionios et ses compagnons ne sont pas nus, avec seulement un pagne) menés à l'amphithéâtre, telle qu'on la connaît par une série de bas-reliefs.

Mais je ne poursuis pas cette analyse, où il y aurait beaucoup à dire, et notamment pour les discours de Pionios dans la prison. Un passage encore: "Quand ils sont menés en prison, il y a des cris de la foule. Un autre dit, 'Voyez, un nabot va pour sacrifier,' ἀνθρωπάριον ὑπάγει ἐπιθῦσαι. Il parlait de notre compagnon Asclépiadès. Pionios dit: 'Toi, tu mens; car il ne fait pas ça.' D'autres disaient: 'Un tel et un tel ont sacrifié.' Pionios répondit, 'Chacun a sa propre conduite; quel rapport avec moi; moi, je m'appelle Pionios.'"

Mais je veux arriver à une question très importante, la topographie de l'Agora de Smyrne.

Le néocore Polémon, avec d'autres gens, se présente chez Pionios: "Le néocore Polémon et ceux qui étaient préposés avec lui pour rechercher les chrétiens et les emmener (ἕλκειν) pour sacrifier et manger la viande." Ces formules aussi correspondent exactement aux circonstances et aux modalités de la persécution de Dèce. Nous en sommes instruits par de nombreux textes, et par des papyrus, les *libelli,* les certificats de sacrifice remis à ceux qui avaient sacrifié — ou aussi à ceux qui avaient acheté ces faux certificats (d'où une situation très singulière ensuite dans la communauté).

Polémon dit donc aux compagnons: "Venez donc *à l'Agora* et là vous obéirez." Réponse: "Nous, nous obéissons au Dieu Vivant."

Plus loin: "Quand ils furent arrivés *à l'Agora* dans le portique Est dans la δίπυλίς" — ce que je traduis: dans la double porte — , "toute l'Agora et les étages des portiques [je traduis ainsi: αἱ ὑπερῷαι στοαί] étaient pleins de Grecs et de Juifs, et de femmes . . . et ils montèrent pour regarder (ἀνήεσαν — σκοποῦντες) sur les marches (τὰ βάθρα) et les coffres (κιβώτια)." Un fragment d'inscription à l'Agora mentionnait toute une série de corporations de marchands; mais les désignations sont très mutilées; on reconnaît du moins les γρυτοπῶλαι, les brocanteurs.

On les plaça (Pionios et ses compagnons) *au milieu, ἐν μέσῳ.* Plus loin: on les amena εἰς τὸ ὕπαιθρον εἰς τὸ μέσον, c'est-à-dire: dans l'espace découvert, l'aire de l'Agora, ce qui n'est pas occupé par les larges portiques tout autour, — au milieu. Tout cela, ce sont des détails pris sur le vif, par un témoin oculaire.

On a discuté autrefois sur l'emplacement de l'Agora de Smyrne. On désignait en général, sur le flanc du Pagos, la montagne de Smyrne, l'ancien cimetière Namazgâh, "lieu de prière." Un philologue, traitant du célèbre rhéteur Polémon dans l'Encyclopédie Pauly-Wissowa, il n'y a pas très longtemps, n'était pas encore sûr de l'identification de l'Agora. Or, l'emplacement ne faisait alors aucun doute. L'Agora a été trouvée, avec de beaux restes. La fouille fut entreprise, voici plus de quarante ans, par mon ami Selahâttin bey, artiste et galant homme, alors conservateur du musée de Smyrne. Il trouva aussitôt l'Agora là où il la cherchait, selon l'opinion commune. Sur cet emplacement il y a des souterrains — les substructions des portiques — où il galopinait avec les gamins de son âge. Il avait fait évacuer ce grand cimetière ancien et il fouilla patiemment, avec un très petit nombre d'ouvriers. Puis la fouille progressa. On dégagea ainsi la partie Ouest, avec un portique bien conservé, et dont les colonnes renversées purent être remontées, une basilique au Nord, un peu de la cour centrale, les substructions impressionnantes sur la pente nord. La publication complète de cet ensemble fut faite par l'architecte allemand

Naumann et parut en 1950 dans un volume de mélanges dédié à la mémoire de Martin Schede, *Kleinasien und Byzanz*.

Tout est ainsi en place. L'Agora de Smyrne, telle que nous la voyons sur le terrain, sur le flanc du Pagos, était ouverte, sur son côté Sud, sur le grand sanctuaire de Smyrne, celui des Néméseis. De là les trois dédicaces à ces déesses trouvées dans la fouille, et sur le côté Sud. Dans ce sanctuaire, il y avait aussi la source dont a parlé Pausanias (VII.5.2), et c'est la source de la rue Bülbül (rossignol), celle qui traverse l'Agora. Il y avait des bâtiments, appelés Mouseion, où se réunissaient et où donnaient des cours des rhéteurs, des philosophes.

Cette topographie peut être établie grâce au témoignage bien compris des Actes du martyre de Pionios, qui groupent indissolublement l'Agora et le Néméseion. Voilà ce que peut la philologie pour l'archéologie, et comment mon étude de ce texte complète ou modifie ce qu'ont dit les auteurs qui ont publié la fouille. Ceux-ci n'ont jamais utilisé les Actes de Pionios.

D'autre part, quand nous nous promenons sur l'Agora de Smyrne ou que nous en voyons des photographies, nous voyons les lieux mêmes où se sont produites les scènes décrites dans les Actes, depuis le discours à l'Agora jusqu'à la scène du refus de manger la viande à l'autel des Néméseis, — et nous le voyons dans l'état même, à très peu près, où c'était à l'époque de Pionios, en 250.

Tout cela montre l'authenticité des Actes de Pionios, cet écrit d'une richesse inouïe de détails pris sur le vif, et contemporain des événements. Et ces Actes, beaucoup trop négligés, parce qu'on a vécu trop longtemps sur une version latine édulcorée,[4] sont un document capital sur la topographie de Smyrne, la persécution de Dèce, les rapports entre chrétiens, païens et juifs. Il anime pour nous toute l'archéologie de Smyrne, l'Agora et le sanctuaire, et il peuple la ville de tous les habitants de cette époque. Il montre le profit qu'il y a à étudier les textes chrétiens dans l'ensemble des documents, écrits ou archéologiques, de l'époque impériale, pour ressusciter un peu, dans le cas présent, la Smyrne gréco-romaine.

---

[4] Des deux versions latines publiées par les Bollandistes dans les *Acta Sanctorum* la première et la plus courte était la seule à être reprise dans la collection de Ruinart, et par conséquence c'était cette version que lisaient la plupart des savants.

TEXTE ET BIBLIOGRAPHIE

C'est Louis Robert lui-même qui a établi le texte ici présenté. Il renonça à un apparat critique en faveur d'une présentation des *cruces* du texte dans le commentaire. Mais nous croyons qu'il ne sera pas inutile de dresser ici la liste des manuscrits et des traductions dont nous disposons aujourd'hui. La situation reste assez complexe.

I. Manuscrits grecs

A. Le texte (Cod. Ven. Marc. 359, fol. 25v–34, s. XII) publié par O. von Gebhardt en 1896: *Archiv für slavische Philologie* 18, 1–2 (1896), 156–71. C'est le texte principal.

B. Version abrégée: B. Latyšev, *Menologii anonymi Byzantini saeculi X quae supersunt. Fasc. prior, Feb. et Mar. menses continens* (St. Pétersbourg, 1911), 236–40.

II. Traductions latines

A. Version médiévale. Publiée pour la première fois en 1658 par les Bollandistes d'après un seul manuscrit "monasterii S. Maximini," sans doute le couvent de S. Maximin en Provence (*Acta Sanctorum, Februarius*, tom. I, p. 40–42 de l'édition de Paris, 1863). Thierry Ruinart s'appuya sur plusieurs manuscrits pour établir un texte sensiblement différent de celui des Bollandistes pour ses *Acta Martyrum Sincera* (Paris, 1689; p. 185–98 de l'édition de Ratisbonne, 1859). Cette version est plus courte que la suivante, et L. Robert (p. 9 ci-dessus) la considérait comme une version "édulcorée."

B. Version du XVI siècle. Faite par un certain Francesco Zino de Vérone pour l'évêque de Vérone Aloysius Lipomanus (Luigi Lipomano), et publiée par Lipomanus dans le tome VI de ses *Vitae Sanctorum* (Rome, 1558); reprise, avec observations de Baronius, par les Bollandistes en 1658 (op. cit., p. 42–46). Puisque Lipomanus utilisait des manuscrits de la bibliothèque de Saint Marc à Venise pour ce volume de ses *Vitae* (H. Delehaye, *AnalBoll* 16 [1897], 313), il est presque certain que sa source grecque fut le Codex Marcianus (voir I.A ci-dessus). Le texte de sa version latine est très proche du texte grec de ce codex, dans lequel se trouvent les indications précises et précieuses sur la datation du martyre et la topographie de l'Agora de Smyrne. Certes, la version de Lipomanus ne contient pas XVIII.3–4, comme aussi le Suprasliensis en vieux-slave (voir plus bas). Mais dans ce passage l'auteur du *Martyre* s'exprime de façon méprisante au sujet de l'évêque apostat Euktémon: or, étant ennemi farouche du luthéranisme, Lipomanus supprima évidemment ces propos défavorables sur un évêque de l'église ancienne.

III. Traductions vieux-slaves

A. Le Codex Suprasliensis. Manuscrit du X/XI s., découvert en 1823 au monastère de Suprasl' (Pologne), et maintenant dispersé en trois parties à Ljubljana, Saint Pétersbourg et Varsovie. Contient le *Martyre* pages 124–42. Publication définitive avec photographies et collation de la version grecque par I. Zaimov et M. Capaldo, *Supras'lski ili Retkov Sbornik,* I–II (Sofia, 1982). Nous présentons plus bas une traduction d'André Vaillant en appendice.

B. Le codex de Moscou. Cette version n'est connue, semble-t-il, que par une longue note jointe par R. Abicht à l'article où Oscar von Gebhardt publia l'*editio princeps* du texte grec (*Archiv für slavische Philologie* 18, 1–2 [1896], 156–57).

IV. Traduction arménienne

Connue de plusieurs manuscrits (s. XIII–XVII) conservés à Paris, Venise et Vienne, elle fut publiée avec une traduction allemande par M. Srapian en 1914 (M. Srapian, "Das Martyrium des hl. Pionios. Aus dem Altarmenischen übersetzt," *Wiener Zeitschrift für die Kunde des Morgenlandes* 28 [1914], 376–405). Sensiblement abrégée, la traduction doit son intérêt considérable à sa haute antiquité (Ve siècle selon Srapian).

V. Bibliographie des éditions secondaires (par ordre chronologique)

Gebhardt, O. von, *Acta Martyrum Selecta. Ausgewählte Märtyrerakten und andere Urkunden aus der Verfolgungszeit der christlichen Kirche* (Berlin, 1902), 96–114, texte grec.

Knopf, R., et Krüger, G., *Ausgewählte Märtyrerakten,* 4e éd. par T. Ruhbach (Tübingen, 1965), 45–57 (Knopf-Krüger[4]), texte grec.

Musurillo, H., *The Acts of the Christian Martyrs* (Oxford, 1972), 136–67, texte grec.

Bastiaensen, A. A. R., et autres, *Atti e Passioni dei Martiri* (Vicenza, 1987) (*Atti e Passioni*) [pour le texte du *Martyre de Pionios*, 149–57; pour le commentaire, 453–77; tous les deux sont l'oeuvre de A. Hilhorst; la traduction est due à S. Ronchey], texte grec.

VI. Bibliographie des études (par ordre alphabétique)

Barnes, T. D., "Pre-Decian *Acta Martyrum*," *Journal of Theological Studies* 19 (1968), 509–31.

Blass, Fr., et Debrunner, A., *Grammatik des neutestamentlichen Griechisch*, 15ᵉ éd. par Fr. Rehkopf (Göttingen, 1979) (Blass-Debrunner¹⁵).

Boeft, J. den, et Bremmer, J., "*Notatiunculae Martyrologicae* III, Some Observations on the Martyria of Polycarp and Pionios," *Vigiliae Christianae* 39 (1985), 110–30.

Cadoux, C. J., *Ancient Smyrna* (Oxford, 1938) (Cadoux, *Ancient Smyrna*).

Chadwick, H., *Origen, Contra Celsum* (Cambridge, 1953) (Chadwick, *Origen*).

Clarke, G. W., *The Octavius of Minucius Felix*, Ancient Christian Writers 39 (New York-Ramsey, N.J., 1974) (Clarke, *Minucius Felix*).

Clarke, G. W., *The Letters of Cyprian*, Ancient Christian Writers 43, 44, 46, 47 (New York-Ramsey, N.J.-Mahwah, N.J., 1983–89) (Clarke, *Cyprian*).

Coles, Revel A., *Reports of Proceedings in Papyri*, Papyrologica Bruxellensia 4 (Bruxelles, 1966) (Coles, *Proceedings*).

Daremberg, Ch. V., et Saglio, Éd., *Dictionnaire des antiquités grecques et romaines*, I–V (Paris, 1877–1919) (Daremberg-Saglio).

Daris, Sergio, *Il lessico latino nel greco d'Egitto* (Barcelone, 1971) (Daris, *Lessico latino*).

Delehaye, H., *Les Passions des Martyrs et les genres littéraires* (Bruxelles, 1921) (Delehaye, *Passions*).

Domaszewski, Alfred von, *Die Rangordnung des römischen Heeres*, 2ᵉ éd. par B. R. Dobson (Cologne, 1961) (Domaszewski, *Rangordnung*²).

Franchi de' Cavalieri, P., *Note agiografiche*, fasc. 9, Studi e Testi 175 (Vatican, 1953) (Franchi, *Note 9*).

Garnsey, P. D., *Social Status and Legal Privilege* (Oxford, 1970) (Garnsey, *Social Status*).

Gero, Stephen, "Jewish Polemic in the Martyrium Pionii and a 'Jesus' Passage from the Talmud," *Journal of Jewish Studies* 29 (1978), 164–68 (Gero, "Jewish Polemic").

Gignac, F., *Grammar of the Greek Papyri of the Roman and Byzantine Periods*, I- (Milan, 1976-) (Gignac, *Grammar*).

Grégoire, H., "Les persécutions dans l'Empire romain," *Académie royale de Belgique, Mémoires* 46 (Bruxelles, 1951).

Halkin, F., *Bibliotheca Hagiographica Graeca*, Subsidia Hagiographica 8 (Bruxelles, 1957).

Heikel, I. A., *Quaestiones criticae de nonnullis scriptorum Graecorum locis*, Societas Scientiarum Fennica, Comm. Hum. Litt. 1.7 (Helsinki, 1926).

Hengel, Martin, *Crucifixion in the Ancient World and the Folly of the Message of the Cross* (Philadelphia, 1977) [traduit de: "Mors turpissima crucis," dans *Rechtfertigung: Festschrift für Ernst Käsemann* (Tübingen-Göttingen, 1976), 125–84; trad. française, Paris, 1981] (Hengel, *Crucifixion*).

Hilhorst, A., "L'ancien testament dans la polémique du martyr Pionios," *Augustinianum* 22 (1982), 91–96.

Horsley, G. H. R., *New Documents Illustrating Early Christianity*, I–IV (North Ryde, New South Wales, 1981–84) (Horsley, *New Documents*).

Jones, A. H. M., *Studies in Roman Government and Law* (Oxford, 1960) (Jones, *Studies*).

Klose, D. O. A., *Die Münzprägung von Smyrna in der römischen Kaiserzeit*, Antike Münzen und geschnittene Steine 10 (Berlin, 1987) (Klose, *Münzprägung*).

Kurtz, Ed., "Hagiographische Lesefrüchte. 5–6," *Byzantinisch-Neugriechische Jahrbücher* 4 (1923) 277–81 (Kurtz, "Lesefrüchte").

de Labriolle, Pierre C., *La réaction païenne: étude sur la polémique antichrétienne du Ier au VIe siècle* (Paris, 1948) (de Labriolle, *Réaction*).

Lane Fox, R., *Pagans and Christians* (New York, 1987) (Lane Fox, *Pagans and Christians*).

Mayser, Erwin, *Grammatik der griechischen Papyri aus der Ptolemäerzeit*, I–II (Leipzig-Berlin, 1906–38) (Mayser, *Grammatik*).

Mommsen, Th., *Römisches Strafrecht* (Leipzig, 1899) (Mommsen, *Strafrecht*).

Musurillo, Herbert, *The Acts of the Christian Martyrs* (Oxford, 1972) (Musurillo).

Naumann, R., et Kantar, Selâhattin, "Die Agora von Smyrna," in *Kleinasien und Byzanz: Gesammelte Aufsätze zur Altertumskunde und Kunstgeschichte,* Istanbuler Forschungen 17 (Berlin, 1950) (Naumann, "Die Agora").

Nilsson, Martin P., *Geschichte der griechischen Religion,* 3ᵉ éd. (Munich, 1967–74) (Nilsson, *GGR³*).

Petzl, Georg, *Die Inschriften von Smyrna,* I–II, Inschriften griechischer Städte aus Kleinasien 23–24 (Bonn, 1982–90) (Petzl, *Inschriften*).

Peterson, E., *Frühkirche, Judentum und Gnosis: Studien und Untersuchungen* (Rome, 1959) (Peterson, *Frühkirche*).

Potter, D. S., *Prophecy and History in the Crisis of the Roman Empire* (Oxford, 1990) (Potter, *Prophecy and History*).

Preisigke, F., *Wörterbuch der griechischen Papyrusurkunden* (Berlin, 1925–31) (Preisigke, *Wörterbuch*).

Price, S. R. F., *Rituals and Power: The Roman Imperial Cult in Asia Minor* (Cambridge, 1984) (Price, *Rituals and Power*).

Robert, J. et L., "Bulletin épigraphique," dans *Revue des études grecques* 1938–84 (J. et L. Robert, *Bull. épigr.*).

Robert, J. et L., *Fouilles d'Amyzon en Carie,* I (Paris, 1983) (J. et L. Robert, *Amyzon*).

Robert, L., *À travers l'Asie Mineure: poètes et prosateurs, monnaies grecques, voyageurs et géographie,* BEFAR 139 (Paris, 1980) (Robert, *À travers l'Asie Mineure*).

Robert, L., *Documents d'Asie Mineure,* BEFAR 139 *bis* (Paris, 1987).

Robert, L., *Études anatoliennes: recherches sur les inscriptions grecques d'Asie Mineure* (Paris, 1937) (Robert, *Ét. anat.*).

Robert, L., *Études épigraphiques et philologiques* (Paris, 1938) (Robert, *Ét. épigr. et philol.*).

Robert, L., *Hellenica: recueil d'épigraphie, de numismatique et d'antiquités grecques,* I–XIII (Limoges-Paris, 1940–65) (Robert, *Hellenica*).

Robert, L., *Opera Minora Selecta,* I–VII (Amsterdam, 1969–90) (Robert, *OMS*).

Robert, L., *Villes d'Asie Mineure,* 2ᵉ éd. (Paris, 1962) (Robert, *Villes d'Asie Mineure*).

Ronchey, Silvia, *Indagini sul Martirio di San Policarpo,* Istituto Storico Italiano per il Medio Evo, Nuovi Studi Storici 6 (Rome, 1990).

Rordorf, W., "Zum Problem des Großen Sabbats im Polykarp- und Pioniosmartyrium," dans *Pietas: Festschrift für Bernhard Kötting, Jahrbuch für Antike und Christentum,* Ergänzungsband 8 (Münster, 1980), 245–49 (Rordorf, "Problem").

Schürer, E., *The History of the Jewish People in the Age of Jesus Christ (175 B.C.–A.D. 135),* nouvelle éd. revue par Geza Vermes et F. Millar, I–III (Edinburgh, 1973–84) (Schürer, *History*).

Schwartz, E., *De Pionio et Polycarpo* (Göttingen, 1905).

Simon, M., *Verus Israël: étude sur les relations entre Chrétiens et Juifs dans l'Empire romain,* BEFAR 166 (Paris, 1948, avec supplément 1964) (Simon, *Verus Israël*).

Thomasson, Bengt E., *Laterculi Praesidum,* I–III (Göteborg, 1984–90).

Ville, G., *La gladiature en Occident des origines à la mort de Domitien,* BEFAR 245 (Paris, 1981).

Waszink, J. H., *Tertulliani De Anima* (Amsterdam, 1947).

Wilken, Robert L., *John Chrysostom and the Jews* (Berkeley-Los Angeles-London, 1983).

Wohleb, L., "Die Überlieferung des Pioniosmartyriums," *Römische Quartalschrift* 37 (1929), 173–77.

ABRÉVIATIONS

AnalBoll = *Analecta Bollandiana*

Bauer[6] = Bauer, W., *Wörterbuch zum Neuen Testament,* 6ᵉ éd., préparée par K. et B. Aland (Berlin, 1988)

BCH = *Bulletin de correspondance hellénique*

BEFAR = Bibliothèque des Écoles françaises d'Athènes et de Rome

BGU = *Berliner griechische Urkunden* [*Ägyptische Urkunden aus den Königlichen Museen zu Berlin*], 4 vols. (Berlin, 1892–1912)

Bull. épig. = *Bulletin épigraphique*

CRAI = *Comptes rendus des séances de l'Académie des inscriptions et belles-lettres*

CSEL = Corpus Scriptorum Ecclesiasticorum Latinorum

DACL = *Dictionnaire d'archéologie chrétienne et de liturgie,* éd. F. Cabrol et H. Leclercq, I–XV (Paris, 1924–53)

GCS = Die griechischen christlichen Schriftsteller der ersten Jahrhunderte

Harv. Stud. = *Harvard Studies in Classical Philology*

HTR = *Harvard Theological Review*

IG = *Inscriptiones Graecae* (Berlin, 1873–)

IGR = *Inscriptiones Graecae ad Res Romanas Pertinentes,* 4 vols. (Paris, 1906–27)

JRS = *Journal of Roman Studies*

Lampe = G. W. H. Lampe, *A Patristic Greek Lexicon* (Oxford, 1961–68)

LSJ = H. G. Liddell et R. Scott, *A Greek-English Lexicon,* 9ᵉ éd. par Sir Henry Stuart-Jones (Oxford, 1925–40, avec Supplément, 1968)

MAMA = *Monumenta Asiae Minoris Antiqua*

OGIS = *Orientis Graeci Inscriptiones Selectae,* éd. W. Dittenberger, I–II (Leipzig, 1903–5; Hildesheim, 1960)

OMS = Robert, *Opera Minora Selecta*

PG = Migne, Patrologia Graeca

PIR[2] = *Prosopographia Imperii Romani,* 2ᵉ éd., 5 vols., éd. par E. Groag, A. Stein et L. Petersen (Berlin-Leipzig, 1933–)

RAC = *Reallexikon für Antike und Christentum*

RE = *Paulys Real-Encyclopädie der classischen Altertumswissenschaft*

REA = *Revue des études anciennes*

RPhil = *Revue de philologie*

SC = Sources chrétiennes

SEG = *Supplementum Epigraphicum Graecum,* éd. P. Roussel et al. (Leyde, 1923–)

SIG[3] = *Sylloge Inscriptionum Graecarum,* 3ᵉ éd., 4 vols., éd. par W. Dittenberger (Leipzig, 1915–24)

TAM = *Tituli Asiae Minoris,* Akademie der Wissenschaften, Vienne, 5 vols. (Vienne, 1901–)

Thesaurus = *Thesaurus Graecae Linguae,* éd. H. Stephanus, revue par C. B. Hase, G. Dindorf, L. Dindorf (Paris, 1831–65)

TLL = *Thesaurus Linguae Latinae,* 10 vols. avec suppléments (Leipzig, 1900–)

TW = *Theologisches Wörterbuch zum Neuen Testament,* 10 vols. (Stuttgart 1949–79)

ZPE = *Zeitschrift für Papyrologie und Epigraphik*

TEXTE GREC ET TRADUCTION

Μαρτύριον τοῦ ἁγίου Πιονίου
τοῦ πρεσβυτέρου καὶ τῶν σὺν αὐτῷ

I. Ταῖς μνείαις τῶν ἁγίων κοινωνεῖν ὁ ἀπόστολος παραινεῖ, γινώσκων ὅτι τὸ μνήμην ποιεῖσθαι τῶν ὑγιῶς μετὰ καρδίας ἁπάσης ἐν πίστει διαγενομένων ἐπιστηρίζει τοὺς μιμεῖσθαι τὰ κρείττω θέλοντας. 2. Πιονίου δὲ τοῦ μάρτυρος καὶ μᾶλλον μεμνῆσθαι προσήκει διότι καὶ ὅτε ἐπεδήμει τῷ κόσμῳ πολλοὺς ἀπὸ τῆς πλάνης ἐπέστρεψεν ἀποστολικὸς ἀνὴρ τῶν καθ᾽ ἡμᾶς γενόμενος, καὶ τέλος ὅτε ἐκλήθη πρὸς Κύριον καὶ ἐμαρτύρησε τὸ σύγγραμμα τοῦτο κατέλιπεν εἰς νουθεσίαν ἡμετέραν ἐπὶ τὸ καὶ νῦν ἔχειν ἡμᾶς μνημόσυνα τῆς διδασκαλίας αὐτοῦ.

II. Μηνὸς ἕκτου δευτέρᾳ ἐνισταμένου σαββάτου μεγάλου, ἐν τῇ γενεθλίῳ ἡμέρᾳ τοῦ μακαρίου μάρτυρος Πολυκάρπου, ὄντος τοῦ διωγμοῦ τοῦ κατὰ Δέκιον, συνελήφθησαν Πιόνιος πρεσβύτερος καὶ Σαβίνα ὁμολογήτρια καὶ Ἀσκληπιάδης καὶ Μακεδονία καὶ Λίμνος πρεσβύτερος τῆς καθολικῆς ἐκκλησίας. 2. Ὁ οὖν Πιόνιος πρὸ μιᾶς ἡμέρας τῶν Πολυκάρπου γενεθλίων εἶδεν ὅτι δεῖ ταύτῃ τῇ ἡμέρᾳ αὐτοὺς συλληφθῆναι. 3. Ὧν οὖν μετὰ τῆς Σαβίνης καὶ τοῦ Ἀσκληπιάδου ἐν νηστείᾳ, ὡς εἶδεν ὅτι αὔριον δεῖ αὐτοὺς συλληφθῆναι, λαβὼν κλωστὰς ἁλύσεις τρεῖς περιέθηκε περὶ τὸν τράχηλον ἑαυτοῦ τε καὶ Σαβίνης καὶ Ἀσκληπιάδου, καὶ ἐξεδέχοντο ἐν τῷ οἴκῳ. 4. Τοῦτο δὲ ἐποίησεν ὑπὲρ τοῦ ἀπαγομένων αὐτῶν μηδὲ ὑπονοῆσαί τινας ὅτι ὡς οἱ λοιποὶ ὑπάγουσι μιαροφαγῆσαι, ἀλλ᾽ ἵνα εἰδῶσι πάντες ὅτι κεκρίκασιν εἰς φυλακὴν εὐθέως ἀπαχθῆναι.

III. Προσευξαμένων δὲ αὐτῶν καὶ λαβόντων ἄρτον ἅγιον καὶ ὕδωρ τῷ σαββάτῳ ἐπέστη αὐτοῖς Πολέμων ὁ νεωκόρος καὶ οἱ σὺν αὐτῷ τεταγμένοι ἀναζητεῖν καὶ ἕλκειν τοὺς Χριστιανοὺς ἐπιθύειν καὶ μιαροφαγεῖν. 2. Καί φησιν ὁ νεωκόρος· Οἴδατε πάντως τὸ διάταγμα τοῦ αὐτοκράτορος ὡς κελεύει ὑμᾶς ἐπιθύειν τοῖς θεοῖς. 3. Καὶ ὁ Πιόνιος ἔφη· Οἴδαμεν τὰ προστάγματα τοῦ θεοῦ ἐν οἷς κελεύει ἡμᾶς αὐτῷ μόνῳ προσκυνεῖν. 4. Πολέμων εἶπεν· Ἔλθετε οὖν εἰς τὴν ἀγορὰν κἀκεῖ πεισθήσεσθε. Καὶ ἡ Σαβίνα καὶ ὁ Ἀσκληπιάδης ἔφησαν· Ἡμεῖς θεῷ ζῶντι πειθόμεθα. 5. Ἦγεν οὖν αὐτοὺς οὐ μετὰ βίας. Καὶ προσελθόντων αὐτῶν εἶδον πάντες ὅτι δεσμὰ ἐφόρουν καὶ ὡς ἐπὶ παραδόξῳ συνέδραμεν ἐν τάχει ὄχλος ὥστε ὠθεῖν ἀλλ-

21

ἥλους. 6. Καὶ ἐλθόντων εἰς τὴν ἀγορὰν ἐν τῇ στοᾷ τῇ ἀνατολικῇ ἐν τῇ διπυλίδι ἐγεμίσθη πᾶσα ἡ ἀγορὰ καὶ αἱ ὑπερῷαι στοαὶ Ἑλλήνων τε καὶ Ἰουδαίων καὶ γυναικῶν· ἐσχόλαζον γὰρ διὰ τὸ εἶναι μέγα σάββατον. 7. Ἀνῆεσαν δὲ καὶ ἐπὶ τὰ βάθρα καὶ ἐπὶ τὰ κιβώτια σκοποῦντες.

IV. Ἔστησαν οὖν αὐτοὺς ἐν μέσῳ καὶ ὁ Πολέμων εἶπεν· Καλὸν ὑμᾶς ἐστιν, ὦ Πιόνιε, πειθαρχῆσαι καθὰ καὶ πάντες καὶ ἐπιθῦσαι, ἵνα μὴ κολασθῆτε. 2. Ἐκτείνας οὖν τὴν χεῖρα ὁ Πιόνιος φαιδρῷ τῷ προσώπῳ ἀπελογήσατο εἰπών·

Ἄνδρες οἱ ἐπὶ τῷ κάλλει Σμύρνης καυχώμενοι, οἱ ἐπὶ τῷ Μέλητος, ὥς φατε, Ὁμήρῳ σεμνυνόμενοι, καὶ οἵτινες ἐν ὑμῖν Ἰουδαίων συμπάρεισιν, ἀκούσατέ μου ὀλίγα προσδιαλεγομένου ὑμῖν. 3. Ἀκούω γὰρ ὅτι ἐπὶ τοῖς αὐτομολοῦσιν ὡς ἐπιγελῶντες καὶ ἐπιχαίροντες παίγνιον ἡγεῖσθε τὸ ἐκείνων ἀστόχημα ὅτι ἑκόντες ἐπιθύουσιν. 4. Ἔδει δὲ ὑμᾶς μέν, ὦ Ἕλληνες, πείθεσθαι τῷ διδασκάλῳ ὑμῶν Ὁμήρῳ, ὃς συμβουλεύει μὴ ὅσιον εἶναι ἐπὶ τοῖς ἀποθνήσκουσι καυχᾶσθαι. 5. Ὑμῖν δέ, ὦ Ἰουδαῖοι, Μωϋσῆς κελεύει· Ἐὰν ἴδῃς τὸ ὑποζύγιον τοῦ ἐχθροῦ σου πεπτωκὸς ὑπὸ τὸν γόμον, οὐ παρελεύσῃ ἀλλὰ ἀνιστῶν ἀναστήσεις αὐτό. 6. Ὁμοίως καὶ Σολομῶντι ἔδει ὑμᾶς πείθεσθαι· Ἐὰν πέσῃ ὁ ἐχθρός σου, φησί, μὴ ἐπιχαρῇς, ἐν δὲ τῷ ὑποσκελίσματι αὐτοῦ μὴ ἐπαίρου. 7. Ἐγὼ γὰρ τῷ ἐμῷ διδασκάλῳ πειθόμενος ἀποθνήσκειν αἱροῦμαι μᾶλλον ἢ παραβαίνειν τοὺς λόγους αὐτοῦ καὶ ἀγωνίζομαι μὴ ἀλλάξαι ἃ πρῶτον ἔμαθον, ἔπειτα καὶ ἐδίδαξα. 8. Τίνων οὖν καταγελῶσιν οἱ Ἰουδαῖοι ἀσυμπαθῶς; Εἰ γὰρ καὶ ἐχθροὶ αὐτῶν ἐσμεν, ὥς φασιν, ἀλλὰ ἄνθρωποι, ἔτι ἀδικηθέντες. 9. Λέγουσιν ὅτι καιροὺς παρρησίας ἔχομεν. Εἶτα· τίνας ἠδικήσαμεν; τίνας ἐφονεύσαμεν; τίνας ἐδιώξαμεν; τίνας εἰδωλολατρεῖν ἠναγκάσαμεν; 10. Ἢ οἴονται ὅμοια εἶναι τὰ ἑαυτῶν ἁμαρτήματα τοῖς νῦν ὑπό τινων διὰ φόβον ἀνθρώπινον πρασσομένοις; Ἀλλὰ τοσούτῳ διαφέρει ὅσῳ τὰ ἑκούσια ἁμαρτήματα τῶν ἀκουσίων. 11. Τίς γὰρ ἠνάγκασεν Ἰουδαίους τελεσθῆναι τῷ Βεελφεγώρ; ἢ φαγεῖν θυσίας νεκρῶν; ἢ πορνεῦσαι εἰς τὰς θυγατέρας τῶν ἀλλοφύλων; ἢ κατακαίειν τοῖς εἰδώλοις τοὺς υἱοὺς καὶ τὰς θυγατέρας; ἢ γογγύζειν κατὰ τοῦ θεοῦ; ἢ καταλαλεῖν Μωϋσέως; ἢ ἀχαριστεῖν εὐεργετουμένους; ἢ στρέφεσθαι τῇ καρδίᾳ εἰς Αἴγυπτον, ἢ ἀναβάντος Μωϋσέως λαβεῖν τὸν νόμον εἰπεῖν τῷ Ἀαρών· Ποίησον ὑμῖν θεούς, καὶ μοσχοποιῆσαι; καὶ τὰ λοιπὰ ὅσα ἐποίησαν. 12. Ὑμᾶς γὰρ δύνανται πλανᾶν. Ἐπεὶ ἀναγινωσκέτωσαν ὑμῖν τὴν βίβλον τῶν Κριτῶν, τὰς Βασιλείας, τὴν Ἔξοδον καὶ πάντα ἐν οἷς ἐλέγχονται. 13. Ἀλλὰ ζητοῦσι διὰ τί τινες μήτε βιασθέντες ἑαυτοῖς ἦλθον ἐπὶ τὸ θῦσαι, καὶ δι' ἐκείνους πάντων

Χριστιανῶν καταγινώσκετε; 14. Νομίσατε τὰ παρόντα ἅλωνι ὅμοια εἶναι· ποῖος σωρὸς μείζων, ἀχύρου ἢ τοῦ σίτου; ὅταν γὰρ ἔλθη ὁ γεωργὸς ἐν τῷ πτύῳ διακαθᾶραι τὸν ἅλωνα, τὸ ἄχυρον κοῦφον ὂν εὐκόλως ὑπὸ τοῦ ἀερίου πνεύματος μεταφέρεται, ὁ δὲ σῖτος ἐν ταὐτῷ μένει. 15. Ἴδετε πάλιν τὴν εἰς θάλασσαν βαλλομένην σαγήνην· μὴ πάντα ἃ συνάγει εὔχρηστά ἐστιν; οὕτω καὶ τὰ παρόντα. 16. Πῶς οὖν θέλετε ταῦτα πάσχειν ἡμᾶς, ὡς δικαίους ἢ ὡς ἀδίκους; Εἰ μὲν ὡς ἀδίκους, πῶς οὐχὶ καὶ ὑμεῖς αὐτοῖς τοῖς ἔργοις ἄδικοι ἐλεγχόμενοι τὰ αὐτὰ πείσεσθε; Εἰ δὲ ὡς δικαίους, τῶν δικαίων πασχόντων ποίαν ὑμεῖς ἐλπίδα ἔχετε; Εἰ γὰρ ὁ δίκαιος μόλις σώζεται, ὁ ἀσεβὴς καὶ ἁμαρτωλὸς ποῦ φανεῖται; 17. Κρίσις γὰρ τῷ κόσμῳ ἐπίκειται, περὶ ἧς πεπληροφορήμεθα διὰ πολλῶν. 18. Ἐγὼ μὲν καὶ ἀποδημήσας καὶ ἅπασαν τὴν Ἰουδαίαν περιελθὼν γῆν περάσας τε τὸν Ἰορδάνην ἐθεασάμην γῆν ἕως τοῦ νῦν μαρτυροῦσαν τὴν ἐκ τοῦ θεοῦ γενομένην αὐτῇ ὀργὴν δι᾽ ἃς ἐποίουν οἱ κατοικοῦντες αὐτὴν ἁμαρτίας, ξενοκτονοῦντες, ξενηλατοῦντες, βιαζόμενοι. 19. Εἶδον καπνὸν ἐξ αὐτῆς ἕως τοῦ νῦν ἀναβαίνοντα καὶ γῆν πυρὶ τετεφρωμένην, ἄμοιρον παντὸς καρποῦ καὶ πάσης ὑγρᾶς οὐσίας. 20. Εἶδον καὶ Θάλασσαν Νεκράν, ὕδωρ ὑπηλλαγμένον καὶ ἔξω τοῦ κατὰ φύσιν φόβῳ θείῳ ἀτονῆσαν καὶ τρέφειν ζῶον μὴ δυνάμενον, καὶ τὸν ἐναλλόμενον εἰς αὐτὴν ὑπὸ τοῦ ὕδατος ἐκβαλλόμενον εἰς ἄνω, καὶ κατέχειν ἀνθρώπου σῶμα παρ᾽ ἑαυτῇ μὴ δυναμένην· ὑποδέξασθαι γὰρ ἄνθρωπον οὐ θέλει, ἵνα μὴ δι᾽ ἄνθρωπον πάλιν ἐπιτιμηθῇ. 21. Καὶ ταῦτα μακρὰν ὑμῶν ὄντα λέγω· ὑμεῖς ὁρᾶτε καὶ διηγεῖσθε Λυδίας γῆν Δεκαπόλεως κεκαυμένην πυρὶ καὶ προκειμένην εἰς δεῦρο ὑπόδειγμα ἀσεβῶν, Αἴτνης καὶ Σικελίας καὶ προσέτι Λυκίας ῥοιβδούμενον πῦρ. 22. Εἰ καὶ ταῦτα πόρρω ἀπέχει ἀφ᾽ ὑμῶν, κατανοήσατε τοῦ θερμοῦ ὕδατος τὴν χρῆσιν, λέγω δὴ τοῦ ἀναβλύζοντος ἐκ γῆς, καὶ νοήσατε πόθεν ἀνάπτεται ἢ πόθεν πυροῦται, εἰ μὴ ἐκβαῖνον ἐν ὑπογαίῳ πυρί. 23. Λέγετε δὲ καὶ ἐκπυρώσεις μερικὰς καὶ ἐξυδατώσεις, ὡς ὑμεῖς ἐπὶ Δευκαλίωνος ἢ ὡς ἡμεῖς ἐπὶ Νῶε. Μερικὰ γίνεται, ἵνα ἐκ τῶν ἐπὶ μέρους τὰ καθόλου γνωσθῇ. 24. Διὸ δὴ μαρτυρόμεθα ὑμῖν περὶ τῆς μελλούσης διὰ πυρὸς γίνεσθαι κρίσεως ὑπὸ θεοῦ διὰ τοῦ λόγου αὐτοῦ Ἰησοῦ Χριστοῦ· καὶ διὰ τοῦτο τοῖς λεγομένοις θεοῖς ὑμῶν οὐ λατρεύομεν καὶ τῇ εἰκόνι τῇ χρυσῇ οὐ προσκυνοῦμεν.

V. Τούτων δὲ καὶ ἄλλων πολλῶν λεχθέντων ὡς ἐπὶ πολὺ μὴ σιωπῆσαι τὸν Πιόνιον, ὅ τε νεωκόρος καὶ οἱ σὺν αὐτῷ καὶ πᾶς ὁ ὄχλος ἐπέστησε τὰς ἀκοὰς ὥστε τοσαύτην ἡσυχίαν γενέσθαι ὡς μηδὲ γρῦξαί τινα. 2. Εἰπόντος δὲ πάλιν τοῦ Πιονίου ὅτι τοῖς θεοῖς ὑμῶν οὐ λατρεύομεν καὶ τῇ εἰκόνι τῇ χρυσῇ οὐ προσκυνοῦμεν, ἤγαγον αὐτοὺς εἰς τὸ ὕπαιθρον εἰς τὸ μέσον καὶ περιέστησαν αὐτοῖς τινες τῶν ἀγοραίων ἅμα τῷ Πολέμωνι ἐκλιπαροῦντες καὶ λέγοντες· 3. Πείσθητι ἡμῖν, Πιόνιε, ὅτι σε φιλοῦμεν καὶ διὰ πολλὰ ἄξιος εἶ ζῆν, ἤθους τε ἕνεκα καὶ ἐπιεικείας· καλόν ἐστι τὸ ζῆν καὶ τὸ φῶς τοῦτο βλέπειν, καὶ ἄλλα τινὰ πλείονα. 4. Ὁ δὲ πρὸς αὐτούς· Κἀγὼ λέγω ὅτι καλόν ἐστι τὸ ζῆν, ἀλλ᾽ ἐκεῖνο κρεῖσσον ὃ ἡμεῖς ἐπιποθοῦμεν· καὶ τὸ φῶς, ἀλλ᾽ ἐκεῖνο τὸ ἀληθινόν· 5. Καὶ ταῦτα μὲν οὖν ἅπαντα καλά· καὶ οὐχ ὡς θανατῶντες ἢ μισοῦντες τὰ ἔργα τοῦ θεοῦ φεύγομεν, ἀλλ᾽ ἑτέρων μεγάλων ὑπερβολῇ τούτων καταφρονοῦμεν ἐνεδρευόντων ἡμᾶς.

VI. Ἀλέξανδρος δέ τις ἀγοραῖος πονηρὸς ἀνὴρ εἶπεν· Ἄκουσον ἡμῶν, Πιόνιε. Πιόνιος εἶπεν· Ἐπιλαβοῦ σὺ παρ᾽ ἐμοῦ ἀκούειν· ἃ γὰρ σὺ οἶδας οἶδα, ἃ δὲ ἐγὼ ἐπίσταμαι σὺ ἀγνοεῖς. 2. Ὁ δὲ Ἀλέξανδρος ἠθέλησεν αὐτοῦ καταγελᾶν, ἐπεὶ καί φησιν εἰρωνείᾳ· Ταῦτα δὲ διὰ τί; 3. Πιόνιος εἶπεν· Ταῦτα ἵνα μὴ διερχόμενοι τὴν πόλιν ὑμῶν ὑπονοηθῶμεν ὡς μιαροφαγήσοντες προσεληλύθαμεν καὶ ἵνα μάθητε ὅτι οὐδὲ ἐπερωτᾶσθαι ἀξιοῦμεν ἀλλὰ κρίναντες οὐκ εἰς τὸ Νεμεσεῖον ἀλλ᾽ εἰς τὴν φυλακὴν ἀπερχόμεθα, καὶ ἵνα μὴ ὡς τοὺς λοιποὺς βίᾳ ἡμᾶς συναρπάσαντες ἀπαγάγητε, ἀλλὰ διὰ τὸ φορεῖν δεσμὰ ἐάσητε· τάχα γὰρ μετὰ δεσμῶν οὐκ εἰσαγάγετε ἡμᾶς εἰς τὰ εἰδωλεῖα ὑμῶν. 4. Καὶ οὕτως ὁ Ἀλέξανδρος ἐφιμώθη. Καὶ πάλιν ἐκείνων πολλὰ παρακαλούντων αὐτὸν κἀκείνου λέγοντος· Οὕτω κεκρίκαμεν, καὶ πολλὰ ἐλέγχοντος αὐτοὺς καὶ περὶ τῶν μελλόντων ἀπαγγέλλοντος αὐτοῖς ὁ Ἀλέξανδρος εἶπεν· 5. Τίς γὰρ χρεία ἐστί, φησίν, τῶν λόγων ὑμῶν τούτων ὁπότε οὐκ ἔξεστιν ὑμᾶς ζῆν;

VII. Τοῦ δὲ δήμου βουλομένου ἐκκλησίαν ἐν τῷ θεάτρῳ ποιεῖν ἵνα ἐκεῖ ἀκούσωσι πλείονα, κηδόμενοί τινες τοῦ στρατηγοῦ προσελθόντες τῷ νεωκόρῳ Πολέμωνι εἶπον· Μὴ συγχώρει λαλεῖν αὐτῷ, ἵνα μὴ ἐν τῷ θεάτρῳ εἰσέλθωσι καὶ θόρυβος καὶ ἐπιζήτησις περὶ τοῦ ἄρτου γένηται. 2. Ταῦτα ἀκούσας ὁ Πολέμων λέγει· Πιόνιε, εἰ μὴ θέλεις θῦσαι, κἂν ἔλθε εἰς τὸ Νεμεσεῖον. Ὁ δὲ ἔφη· Ἀλλ᾽ οὐ συμφέρει σου τοῖς εἰδώλοις ἵνα ἐκεῖ ἔλθωμεν. 3. Πολέμων εἶπεν· Πείσθητι ἡμῖν, Πιόνιε. Πιόνιος εἶπεν· Εἴθε ἠδυνάμην ἐγὼ ὑμᾶς πεῖσαι Χριστιανοὺς γενέσθαι. 4. Οἱ δὲ μέγα ἀναγελάσαντες εἶπον· Οὐδὲν ἔχεις τοιοῦτο ποιῆσαι ἵνα ζῶντες καῶμεν. Πιόνιος εἶπεν· Χεῖρόν ἐστι πολὺ ἀποθανόντας καυθῆναι. 5. Μειδιώσης δὲ τῆς Σαβίνης ὁ νεωκόρος καὶ οἱ μετ᾽ αὐτοῦ εἶπον· Γελᾷς; ἡ δὲ εἶπεν· Ἐὰν ὁ θεὸς θέλῃ, ναί· Χριστιανοὶ γάρ ἐσμεν· ὅσοι γὰρ εἰς Χριστὸν πιστεύουσιν ἀδιστάκτως γελάσουσιν ἐν χαρᾷ ἀιδίῳ. 6. Λέγουσιν αὐτῇ· Σὺ μὲν ὃ οὐ θέλεις μέλλεις πάσχειν· αἱ γὰρ μὴ ἐπιθύουσαι εἰς πορνεῖον ἵστανται. Ἡ δὲ εἶπεν· Τῷ ἁγίῳ θεῷ μελήσει περὶ τούτου.

VIII. Πάλιν δὲ Πιονίῳ εἶπεν Πολέμων· Πείσθητι ἡμῖν, Πιόνιε. Πιόνιος εἶπεν· Κεκέλευσαι ἢ πείθειν ἢ κολάζειν· οὐ πείθεις, κόλαζε. 2. Τότε ἐπερωτᾷ ὁ νεωκόρος Πολέμων λέγων· Ἐπίθυσον, Πιόνιε. Πιόνιος εἶπεν ὅτι Χριστιανός εἰμι. 3. Πολέμων εἶπεν· Ποῖον θεὸν σέβῃ; Πιόνιος εἶπεν· Τὸν θεὸν τὸν παντοκράτορα τὸν ποιήσαντα τὸν οὐρανὸν καὶ τὴν γῆν καὶ πάντα τὰ ἐν αὐτοῖς καὶ πάντας ἡμᾶς, ὃς παρέχει ἡμῖν πάντα πλουσίως, ὃν ἐγνώκαμεν διὰ τοῦ λόγου αὐτοῦ Χριστοῦ. 4. Πολέμων εἶπεν· Ἐπίθυσον οὖν κἂν τῷ αὐτοκράτορι. Πιόνιος εἶπεν· Ἐγὼ ἀνθρώπῳ οὐκ ἐπιθύω, Χριστιανὸς γάρ εἰμι.

IX. Εἶτα ἐπηρώτησεν ἐγγράφως λέγων αὐτῷ· Τίς λέγῃ; γραφόντος τοῦ νοταρίου πάντα. Ἀπεκρίθη· Πιόνιος. 2. Πολέμων εἶπεν· Χριστιανὸς εἶ; Πιόνιος εἶπεν· Ναί. Πολέμων ὁ νεωκόρος εἶπεν· Ποίας ἐκκλησίας; Ἀπεκρίνατο· Τῆς καθολικῆς, οὔτε γάρ ἐστιν ἄλλη παρὰ τῷ Χριστῷ. 3. Εἶτα ἦλθεν ἐπὶ τὴν Σαβῖναν. Προειρήκει δὲ αὐτῇ ὁ Πιόνιος ὅτι· Εἶπον σεαυτὴν Θεοδότην, πρὸς τὸ μὴ ἐμπεσεῖν αὐτὴν ἐκ τοῦ ὀνόματος πάλιν εἰς τὰς χεῖρας τῆς ἀνόμου Πολίττης τῆς γενομένης αὐτῆς δεσποίνης. 4. Αὕτη γὰρ ἐπὶ καιρῶν Γορδιανοῦ βουλομένη μεταγαγεῖν τῆς πίστεως τὴν Σαβῖναν πεδήσασα ἐξώρισεν αὐτὴν ἐν ὄρεσιν ὅπου εἶχε τὰ ἐπιτήδεια λάθρα παρὰ τῶν ἀδελφῶν· μετὰ δὲ ταῦτα σπουδὴ ἐγένετο ὥστε αὐτὴν ἐλευθερωθῆναι καὶ Πολίττης καὶ τῶν δεσμῶν, καὶ ἦν τὰ πλεῖστα διατρίβουσα μετὰ τοῦ Πιονίου καὶ συνελήφθη ἐν τῷ διωγμῷ τούτῳ. 5. Εἶπεν οὖν καὶ ταύτῃ ὁ Πολέμων· Τίς λέγῃ; Ἡ δὲ εἶπεν· Θεοδότη. Ὁ δὲ ἔφη· Χριστιανὴ εἶ; Ἡ δὲ λέγει· Ναί, Χριστιανή εἰμι. 6. Πολέμων εἶπεν· Ποίας ἐκκλησίας; Σαβῖνα εἶπεν· Τῆς καθολικῆς. Πολέμων εἶπεν· Τίνα σέβῃ; Σαβῖνα εἶπεν· Τὸν θεὸν τὸν παντοκράτορα ὃς ἐποίησε τὸν οὐρανὸν καὶ τὴν γῆν καὶ πάντας ἡμᾶς, ὃν ἐγνώκαμεν διὰ τοῦ λόγου αὐτοῦ Ἰησοῦ Χριστοῦ. 7. Εἶτα ἐπηρώτησε τὸν Ἀσκληπιάδην· Τίς λέγῃ; Ὁ δὲ εἶπεν· Ἀσκληπιάδης. Πολέμων εἶπεν· Χριστιανὸς εἶ; Ἀσκληπιάδης εἶπεν· Ναί. 8. <Πολέμων εἶπεν· Ποίας ἐκκλησίας; Ἀσκληπιάδης εἶπεν· Τῆς καθολικῆς.> Πολέμων εἶπεν· Τίνα σέβῃ; Ἀσκληπιάδης εἶπεν· Τὸν Χριστὸν Ἰησοῦν. 9. Πολέμων εἶπεν· Οὗτος οὖν ἄλλος ἐστίν; Ἀσκληπιάδης εἶπεν· Οὐχί, ἀλλ᾽ ὁ αὐτὸς ὃν καὶ οὗτοι εἰρήκασι.

Χ. Τούτων δὲ λεχθέντων ἀπήγαγον αὐτοὺς εἰς τὴν φυλακήν. Ἐπηκολούθει δὲ ὄχλος πολὺς ὥστε γέμειν τὴν ἀγοράν. 2. Καὶ ἔλεγόν τινες περὶ

Πιονίου· Πῶς ἀεὶ χλωρὸς ὢν νῦν πυρρὸν ἔχει τὸ πρόσωπον. 3. Κρατούσης δὲ αὐτὸν τῆς Σαβίνης ἀπὸ τῶν ἱματίων διὰ τὸ ὦσμα τοῦ πλήθους, ἔλεγόν τινες χλευάζοντες· Εἶα, ὡς φοβουμένη μὴ ἀποτίτθιος γένηται. 4. Εἷς δέ τις ἐξεβόησεν· Εἰ μὴ ἐπιθύουσι, κολασθήτωσαν. Ὁ Πολέμων ἔφη· Ἀλλ᾿ αἱ ῥάβδοι ἡμᾶς οὐ προάγουσιν ἵνα ἐξουσίαν ἔχωμεν. 5. Ἄλλος δέ τις ἔλεγεν· Ἴδετε, ἀνθρωπάριον ὑπάγει ἐπιθῦσαι· ἔλεγε δὲ τὸν σὺν ἡμῖν Ἀσκληπιάδην. 6. Πιόνιος εἶπεν· Σὺ ψεύδῃ· οὐ γὰρ ποιεῖ αὐτό. Ἄλλοι δὲ ἔλεγον· Ὃς δὲ καὶ ὃς δὲ ἐπέθυσαν. Πιόνιος εἶπεν· Ἕκαστος ἰδίαν ἔχει προαίρεσιν· τί οὖν πρὸς ἐμέ; ἐγὼ Πιόνιος λέγομαι. 7. Ἄλλοι δὲ ἔλεγον· Ὦ τοσαύτη παιδεία, καὶ οὕτως ἐστίν. Πιόνιος εἶπεν· Ταύτην μᾶλλον οἴδατε δι᾿ ὧν ἐπειράθητε λιμῶν καὶ θανάτων καὶ τῶν ἄλλων πληγῶν. 8. Εἶπεν δέ τις αὐτῷ· Καὶ σὺ σὺν ἡμῖν ἐπείνασας. Πιόνιος εἶπεν· Ἐγὼ μετὰ ἐλπίδος τῆς εἰς τὸν θεόν.

XI. Ταῦτα εἰπόντος αὐτοῦ μόλις ἐκ τοῦ ὄχλου ἐσφιγμένους ὥστε συμπνίγεσθαι ἐνέβαλον αὐτοὺς εἰς τὴν φυλακὴν παραδόντες τοῖς δεσμοφύλαξιν. 2. Εἰσελθόντες δὲ εὗρον κατακεκλεισμένον πρεσβύτερον τῆς καθολικῆς ἐκκλησίας ὀνόματι Λίμνον καὶ γυναῖκα Μακεδονίαν ἀπὸ κώμης Καρίνης καὶ ἕνα ἐκ τῆς αἱρέσεως τῶν Φρυγῶν ὀνόματι Εὐτυχιανόν. 3. Ὄντων οὖν αὐτῶν κατὰ τὸ αὐτὸ ἔγνωσαν οἱ ἐπὶ τῆς φυλακῆς ὅτι τὰ φερόμενα ὑπὸ τῶν πιστῶν οὐ λαμβάνουσιν οἱ περὶ τὸν Πιόνιον. Ἔλεγε γὰρ ὁ Πιόνιος ὅτι Ὅτε πλειόνων ἐχρήζομεν, οὐδένα ἐβαρήσαμεν, καὶ νῦν πῶς ληψόμεθα; 4. Ὠργίσθησαν οὖν οἱ δεσμοφύλακες ἐπιφιλανθρωπευόμενοι ἐκ τῶν ἐρχομένων αὐτοῖς, καὶ ὀργισθέντες ἔβαλον αὐτοὺς εἰς τὸ ἐσώτερον πρὸς τὸ μὴ ἔχειν αὐτοὺς τὴν σύμπασαν φιλανθρωπίαν. 5. Δοξάσαντες οὖν τὸν θεὸν ἡσύχασαν παρέχοντες αὐτοῖς τὰ συνήθη, ὡς μεταγνῶναι τὸν ἐπάνω τῆς φυλακῆς καὶ πάλιν μεταγαγεῖν αὐτοὺς εἰς τὰ ἔμπροσθεν. 6. Οἱ δὲ ἔμειναν εἰπόντες· Δόξα τῷ κυρίῳ, συνέβη γὰρ ἡμῖν τοῦτο εἰς ἀγαθόν. 7. Ἄδειαν γὰρ ἔσχον τοῦ φιλολογεῖν καὶ προσεύχεσθαι ἡμέρας καὶ νυκτός.

XII. Ὅμως δ᾿ οὖν καὶ ἐν τῇ φυλακῇ πολλοὶ τῶν ἐθνῶν ἤρχοντο πείθειν θέλοντες καὶ ἀκούοντες αὐτῶν τὰς ἀποκρίσεις ἐθαύμαζον. 2. Εἰσήεσαν δὲ καὶ ὅσοι κατ᾿ ἀνάγκην ἦσαν σεσυρμένοι τῶν Χριστιανῶν ἀδελφῶν πολὺν κλαυθμὸν ποιοῦντες ὡς μέγα πένθος καθ᾿ ἑκάστην ὥραν ἔχειν αὐτούς, μάλιστα ἐπὶ τοῖς εὐλαβέσι καὶ ἐν καλῇ πολιτείᾳ γενομένοις, ὡς καὶ κλαίοντα τὸν Πιόνιον λέγειν· 3. Καινῇ κολάσει κολάζομαι· κατὰ μέλος τέμνομαι ὁρῶν τοὺς μαργαρίτας τῆς ἐκκλησίας ὑπὸ τῶν χοίρων καταπατουμένους καὶ τοὺς ἀστέρας

τοῦ οὐρανοῦ ὑπὸ τῆς οὐρᾶς τοῦ δράκοντος εἰς τὴν γῆν σεσυρμένους, τὴν
ἄμπελον ἣν ἐφύτευσεν ἡ δεξιὰ τοῦ θεοῦ ὑπὸ τοῦ ὑὸς τοῦ μονιοῦ λυμαινο-
μένην, καὶ ταύτην νῦν τρυγῶσι πάντες οἱ παραπορευόμενοι τὴν ὁδόν. 4.
Τεκνία μου, οὓς πάλιν ὠδίνω ἕως οὗ μορφωθῇ Χριστὸς ἐν ὑμῖν, οἱ τρυφεροί μου ἐπορεύθησαν ὁδοὺς τραχείας. 5. Νῦν ἡ Σωσάννα ἐνεδρεύθη ὑπὸ
τῶν ἀνόμων πρεσβυτέρων, νῦν ἀνακαλύπτουσι τὴν τρυφερὰν καὶ καλὴν
ὅπως ἐμπλησθῶσι τοῦ κάλλους αὐτῆς καὶ ψευδῆ καταμαρτυρήσωσιν αὐτῆς. 6. Νῦν ὁ Ἀμὰν κωθωνίζεται, Ἐσθὴρ δὲ καὶ πᾶσα πόλις ταράσσεται.
7. Νῦν οὐ λιμὸς ἄρτου οὐδὲ δίψα ὕδατος, ἀλλ᾽ ἢ τοῦ ἀκοῦσαι λόγον κυρίου. 8. Ἦ πάντως ἐνύσταξαν πᾶσαι αἱ παρθένοι καὶ ἐκάθευδον; 9.
Ἐπληρώθη τὸ ῥῆμα τοῦ κυρίου Ἰησοῦ· Ἆρα ὁ υἱὸς τοῦ ἀνθρώπου ἐλθὼν
εὑρήσει τὴν πίστιν ἐπὶ τῆς γῆς; 10. Ἀκούω δὲ ὅτι καὶ εἷς ἕκαστος τὸν
πλησίον παραδίδωσιν, ἵνα πληρωθῇ τὸ Παραδώσει ἀδελφὸς ἀδελφὸν εἰς
θάνατον. 11. Ἆρα ἐξῃτήσατο ὁ σατανᾶς ἡμᾶς τοῦ σινιάσαι ὡς τὸν σῖτον·
πύρινον δὲ τὸ πτύον ἐν τῇ χειρὶ τοῦ θεοῦ λόγου τοῦ διακαθᾶραι τὴν
ἅλωνα. 12. Τάχα ἐμωράνθη τὸ ἅλας καὶ ἐβλήθη ἔξω καὶ καταπατεῖται
ὑπὸ τῶν ἀνθρώπων. 13. Ἀλλὰ μή τις ὑπολάβῃ, τεκνία, ὅτι ἠδυνάτησεν ὁ
κύριος, ἀλλ᾽ ἡμεῖς. 14. Μὴ ἀδυνατεῖ γάρ, φησίν, ἡ χείρ μου τοῦ ἐξελέ-
σθαι; ἢ ἐβάρυνε τὸ οὖς μου <τοῦ> μὴ εἰσακοῦσαι; ἀλλὰ τὰ ἁμαρτήματα
ὑμῖν διϊστῶσιν ἀνὰ μέσον ἐμοῦ τοῦ θεοῦ καὶ ὑμῶν. 15. Ἠδικήσαμεν γάρ,
ἔνιοι δὲ καὶ καταφρονήσαντες· ἠνομήσαμεν ἀλλήλους δάκνοντες καὶ ἀλλήλους καταιτιώμενοι· ὑπὸ ἀλλήλων ἀνηλώθημεν. 16. Ἔδει δὲ ἡμῶν τὴν
δικαιοσύνην περισσεύειν μᾶλλον πλέον τῶν Γραμματέων καὶ Φαρισαίων.

XIII. Ἀκούω δὲ ὅτι καί τινας ὑμῶν Ἰουδαῖοι καλοῦσιν εἰς συναγω-
γάς· διὸ προσέχετε μή ποτε ὑμῶν καὶ μεῖζον καὶ ἑκούσιον ἁμάρτημα
ἅψηται μήδε τις τὴν ἀναφαίρετον ἁμαρτίαν τὴν εἰς τὴν βλασφημίαν τοῦ
ἁγίου πνεύματος ἁμαρτήσῃ. 2. Μὴ γίνεσθε ἅμα αὐτοῖς ἄρχοντες Σοδόμων
καὶ λαὸς Γομόρρας, ὧν αἱ χεῖρες αἵματος πλήρεις. Ἡμεῖς δὲ οὔτε προ-
φήτας ἀπεκτείναμεν οὐδὲ τὸν Χριστὸν παρεδώκαμεν καὶ ἐσταυρώσαμεν.
3. Καὶ τί πολλὰ λέγω ὑμῖν; Μνημονεύετε ὧν ἠκούσατε <καὶ νῦν περαίνετε ἃ ἐμάθετε>. Ἐπεὶ κἀκεῖνο ἠκούσατε ὅτι φασὶν οἱ Ἰουδαῖοι· Ὁ
Χριστὸς ἄνθρωπος ἦν καὶ ἀνεπαύσατο ὡς βιοθανής. 4. Εἰπάτωσαν οὖν
ἡμῖν, ποίου βιοθανοῦς πᾶς ὁ κόσμος μαθητῶν ἐπληρώθη; 5. ποίου βιοθανοῦς ἀνθρώπου οἱ μαθηταὶ καὶ ἄλλοι μετ᾽ αὐτοὺς τοσοῦτοι ὑπὲρ τοῦ ὀνόματος τοῦ διδασκάλου αὐτῶν ἀπέθανον; 6. ποίου βιοθανοῦς ἀνθρώπου τῷ
ὀνόματι τοσούτοις ἔτεσι δαιμόνια ἐξεβλήθη καὶ ἐκβάλλεται καὶ ἐκβληθή-
σεται; καὶ ὅσα ἄλλα μεγαλεῖα ἐν τῇ ἐκκλησίᾳ τῇ καθολικῇ γίνεται. 7.

Ἀγνοοῦσι δὲ ὅτι βιοθανής ἐστιν ὁ ἰδίᾳ προαιρέσει ἐξάγων ἑαυτὸν τοῦ βίου. 8. Λέγουσι δὲ καὶ νεκυομαντείαν πεποιηκέναι καὶ ἀνηγειοχέναι τὸν Χριστὸν μετὰ τοῦ σταύρου. 9. Καὶ ποία γραφὴ τῶν παρ' αὐτοῖς καὶ παρ' ἡμῖν ταῦτα περὶ Χριστοῦ λέγει; Τίς δὲ τῶν δικαίων ποτὲ εἶπεν; οὐχ οἱ λέγοντες ἄνομοί εἰσι; πῶς δὲ ἀνόμοις λέγουσι πιστεύσῃ τις καὶ οὐχὶ τοῖς δικαίοις μᾶλλον;

XIV. Ἐγὼ μὲν οὖν τοῦτο τὸ ψεῦσμα ὃ λέγουσιν ὡς νῦν γεγονός, ἐκ παιδὸς ἡλικίας ἤκουον λεγόντων Ἰουδαίων. 2. Ἔστι δὲ γεγραμμένον ὅτι ὁ Σαοὺλ ἐπηρώτησεν ἐν τῇ ἐγγαστριμύθῳ καὶ εἶπεν τῇ γυναικὶ τῇ οὕτω μαντευομένῃ· Ἀνάγαγέ μοι τὸν Σαμουὴλ τὸν προφήτην. 3. Καὶ εἶδεν ἡ γυνὴ ἄνδρα ὄρθιον ἀναβαίνοντα ἐν διπλοΐδι, καὶ ἔγνω Σαοὺλ ὅτι οὗτος Σαμουὴλ καὶ ἐπηρώτησε περὶ ὧν ἐβούλετο. 4. Τί οὖν; ἠδύνατο ἡ ἐγγαστρίμυθος ἀναγαγεῖν τὸν Σαμουὴλ ἢ οὔ; 5. Εἰ μὲν οὖν λέγουσιν ὅτι Ναί, ὡμολογήκασι τὴν ἀδικίαν πλέον ἰσχύειν τῆς δικαιοσύνης καὶ ἐπικατάρατοί εἰσιν. 6. Ἐὰν δὲ εἴπωσιν ὅτι Οὐκ ἀνήγαγεν, ἄρα οὖν οὐδὲ τὸν Χριστὸν τὸν κύριον. 7. Ἡ δὲ ὑπόδειξις τοῦδε τοῦ λόγου ἐστὶ τοιαύτη· πῶς ἠδύνατο ἡ ἄδικος ἐγγαστρίμυθος ἡ δαίμων ἀναγαγεῖν τὴν τοῦ ἁγίου προφήτου ψυχὴν τὴν ἀναπαυομένην ἐν κόλποις Ἀβράαμ; τὸ γὰρ ἔλαττον ὑπὸ τοῦ κρείττονος κελεύεται. 8. Οὔκουν ὡς ἐκεῖνοι ὑπολαμβάνουσιν ἀνηνέχθη ὁ Σαμουήλ; Μὴ γένοιτο· ἀλλ' ἔστι τοιοῦτό τι· 9. παντὶ τῷ ἀποστάτῃ γενομένῳ θεοῦ οἱ τῆς ἀποστασίας παρέπονται ἄγγελοι καὶ παντὶ φαρμάκῳ καὶ μάγῳ καὶ γόητι καὶ μάντει διαβολικοὶ ὑπουργοῦσι λειτουργοί. 10. Καὶ οὐ θαυμαστόν· φησὶ γὰρ ὁ ἀπόστολος· Αὐτὸς ὁ σατανᾶς μετασχηματίζεται εἰς ἄγγελον φωτός· οὐ μέγα οὖν εἰ καὶ οἱ διάκονοι αὐτοῦ μετασχηματίζονται ὡς διάκονοι δικαιοσύνης· ἐπεὶ πῶς καὶ ὁ ἀντίχριστος ὡς ὁ Χριστὸς φανήσεται; 11. Οὐχ ὅτι οὖν ἀνήγαγε τὸν Σαμουήλ, ἀλλὰ τῇ ἐγγαστριμύθῳ καὶ τῷ ἀποστάτῃ Σαοὺλ δαίμονες ταρτάρειοι ἐξομοιωθέντες τῷ Σαμουὴλ ἐνεφάνισαν ἑαυτούς. 12. Διδάξει δὲ αὐτὴ ἡ γραφή. Λέγει γὰρ δῆθεν ὁ ὀφθεὶς Σαμουὴλ τῷ Σαούλ· Καὶ σὺ σήμερον μετ' ἐμοῦ ἔσῃ. 13. Πῶς δύναται ὁ εἰδωλολάτρης Σαοὺλ εὑρεθῆναι μετὰ Σαμουήλ; ἢ δῆλον ὅτι μετὰ τῶν ἀνόμων καὶ τῶν ἀπαντησάντων αὐτὸν καὶ κυριευσάντων αὐτοῦ δαιμόνων. Ἄρα οὖν οὐκ ἦν Σαμουήλ. 14. Εἰ δὲ ἀδύνατόν ἐστι τὴν τοῦ ἁγίου προφήτου ἀναγαγεῖν ψυχήν, πῶς τὸν ἐν τοῖς οὐρανοῖς Ἰησοῦν Χριστόν, ὃν ἀναλαμβανόμενον εἶδον οἱ μαθηταὶ καὶ ὑπὲρ τοῦ μὴ ἀρνήσασθαι αὐτὸν ἀπέθανον, οἷόν τέ ἐστιν ἐκ γῆς ἀνερχόμενον ὀφθῆναι; 15. Εἰ δὲ ταῦτα μὴ δύνασθε ἀντιτιθέναι αὐτοῖς, λέγετε πρὸς αὐτούς· Ὅπως ἂν ᾖ, ἡμεῖς ὑμῶν τῶν χωρὶς ἀνάγκης ἐκπορνευσάντων καὶ εἰδωλολατρησάντων

κρείττονές ἐσμεν. 16. Καὶ μὴ συγκατάθεσθε αὐτοῖς ἐν ἀπογνώσει γενόμενοι, ἀδελφοί, ἀλλὰ τῇ μετανοίᾳ προσμείνατε τῷ Χριστῷ· ἐλεήμων
γάρ ἐστι δέξασθαι πάλιν ὑμᾶς ὡς τέκνα.

XV. Ταῦτα δὲ αὐτοῦ λαλήσαντος καὶ ἐπισπουδάσαντος αὐτοὺς ἐξελ-
θεῖν ἐκ τῆς φυλακῆς ἐπέστησαν αὐτοῖς ὁ νεωκόρος Πολέμων καὶ ὁ ἵππαρχος Θεόφιλος μετὰ διωγμιτῶν καὶ ὄχλου πολλοῦ λέγοντες· 2. Ἴδε
Εὐκτήμων ὁ προεστὼς ὑμῶν ἐπέθυσεν, πείσθητε καὶ ὑμεῖς· ἐρωτῶσιν ὑμᾶς
Λέπιδος καὶ Εὐκτήμων ἐν τῷ Νεμεσείῳ. 3. Πιόνιος εἶπεν· Τοὺς βληθέντας
εἰς τὴν φυλακὴν ἀκόλουθόν ἐστι περιμένειν τὸν ἀνθύπατον· τί ἑαυτοῖς τὰ
ἐκείνου μέρη ἐπιτρέπετε; 4. Ἀπῆλθον οὖν πολλὰ εἰπόντες καὶ πάλιν
ἦλθον μετὰ διωγμιτῶν καὶ ὄχλου, καί φησι Θεόφιλος ὁ ἵππαρχος δόλῳ·
Πέπομφεν ὁ ἀνθύπατος ἵνα εἰς Ἔφεσον ἀπαχθῆτε. 5. Πιόνιος εἶπεν· Ἐλ-
θέτω ὁ πεμφθεὶς καὶ παραλαβέτω ἡμᾶς. Ὁ ἵππαρχος εἶπεν· Ἀλλὰ πρίνκιψ
ἐστὶν ἀξιόλογος· εἰ δὲ οὐ θέλεις, ἄρχων εἰμί, 6. καὶ ἐπιλαβόμενος αὐτοῦ
ἔσφιγξε τὸ μαφόριον περὶ τὸν τράχηλον αὐτοῦ καὶ ἐπέδωκε διωγμίτῃ ὡς
μικροῦ δεῖν αὐτὸν πνῖξαι. 7. Ἦλθον οὖν εἰς τὴν ἀγορὰν καὶ οἱ λοιποὶ
καὶ ἡ Σαβῖνα, καὶ κραζόντων αὐτῶν μεγάλῃ φωνῇ· Χριστιανοί ἐσμεν, καὶ
χαμαὶ ῥιπτόντων ἑαυτοὺς πρὸς τὸ μὴ ἀπενεχθῆναι εἰς τὸ εἰδωλεῖον, ἐξ
διωγμῖται τὸν Πιόνιον ἐβάσταζον κατὰ κεφαλῆς ὡς μὴ δυναμένους κατέχειν αὐτὸν τοῖς γόνασι λακτίζειν εἰς τὰς πλευρὰς καὶ τὰς χεῖρας καὶ τοὺς
πόδας αὐτῶν ὀκλάσαι.

XVI. Βοῶντα οὖν ἤγαγον αὐτὸν βαστάζοντες καὶ ἔθηκαν χαμαὶ παρὰ
τὸν βωμὸν ᾧ ἔτι παρειστήκει Εὐκτήμων εἰδωλολατρικῶς. 2. Καὶ ὁ Λέπιδος
εἶπεν· Διὰ τί ὑμεῖς οὐ θύετε, Πιόνιε; Οἱ περὶ Πιόνιον εἶπεν· Ὅτι Χριστιανοί ἐσμεν. 3. Λέπιδος εἶπεν· Ποῖον θεὸν σέβεσθε; Πιόνιος εἶπεν· Τὸν
ποιήσαντα τὸν οὐρανὸν καὶ τὴν γῆν καὶ τὴν θάλασσαν καὶ πάντα τὰ ἐν
αὐτοῖς. 4. Λέπιδος εἶπεν· Ὁ οὖν ἐσταυρωμένος ἐστίν; Πιόνιος εἶπεν· Ὃν
ἀπέστειλεν ὁ θεὸς ἐπὶ σωτηρίᾳ τοῦ κόσμου. Οἱ δὲ ἄρχοντες μέγα βοή-
σαντες ἀνεγέλασαν καὶ ὁ Λέπιδος αὐτῷ κατηράσατο. 6. Ὁ δὲ Πιόνιος
ἐβόα· Θεοσέβειαν αἰδέσθητε, δικαιοσύνην τιμήσατε, τὸ ὁμοιοπαθὲς ἐπίγνωτε, τοῖς νόμοις ὑμῶν κατακολουθήσατε· ἡμᾶς κολάζετε ὡς μὴ πειθομένους, καὶ ὑμεῖς ἀπειθεῖτε· κολάζειν ἐκελεύσθητε, οὐ βιάζεσθαι.

XVII. Καὶ πρὸς αὐτὸν Ῥουφῖνός τις παρεστὼς τῶν ἐν τῇ ῥητορικῇ
διαφέρειν δοκούντων εἶπεν· Παῦσαι, Πιόνιε, μὴ κενοδόξει. 2. Ὁ δὲ πρὸς
αὐτόν· Αὗταί σου αἱ ῥητορεῖαι; ταῦτά σου τὰ βιβλία; Ταῦτα Σωκράτης
ὑπὸ Ἀθηναίων οὐκ ἔπαθεν· νῦν πάντες Ἄνυτοι καὶ Μέλητοι. 3. Ἆρα

Σωκράτης καὶ Ἀριστείδης καὶ Ἀνάξαρχος καὶ οἱ λοιποὶ ἐκενοδόξουν καθ᾽ ὑμᾶς ὅτι καὶ φιλοσοφίαν καὶ δικαιοσύνην καὶ καρτερίαν ἤσκησαν; 4. Ὁ δὲ Ῥουφῖνος ἀκούσας οὕτως ἐσιώπησεν.

XVIII. Εἷς δέ τις τῶν ἐν ὑπεροχῇ καὶ δόξῃ κοσμικῇ καὶ ὁ Λέπιδος σὺν αὐτῷ εἶπον· Μὴ κρᾶζε, Πιόνιε. 2. Ὁ δὲ πρὸς αὐτόν· Καὶ μὴ βιάζου· πῦρ ἄναψον καὶ ἑαυτοῖς ἀναβαίνομεν. 3. Τερέντιος δέ τις ἀπὸ τοῦ ὄχλου ἀνέκραξεν· Οἴδατε ὅτι οὗτος καὶ τοὺς ἄλλους ἀνασοβεῖ ἵνα μὴ θύσωσιν; 4. Λοιπὸν οὖν στεφάνους ἐπετίθεσαν αὐτοῖς· οἱ δὲ διασπῶντες αὐτοὺς ἀπέρριπτον. 5. Ὁ δὲ δημόσιος εἱστήκει τὸ εἰδωλόθυτον κρατῶν· οὐ μέντοι ἐτόλμησεν ἐγγύς τινος προσελθεῖν, ἀλλ᾽ αὐτὸς ἐνώπιον πάντων κατέφαγεν αὐτὸ ὁ δημόσιος. 6. Κραζόντων δὲ αὐτῶν· Χριστιανοί ἐσμεν, μὴ εὑρίσκοντες τὸ τί ποιήσωσιν αὐτοῖς ἀνέπεμψαν αὐτοὺς πάλιν εἰς τὴν φυλακὴν καὶ ὁ ὄχλος ἐνέπαιζε καὶ ἐρράπιζεν αὐτούς. 7. Καὶ τῇ Σαβίνῃ τις λέγει· Σὺ εἰς τὴν πατρίδα σου οὐκ ἠδύνω ἀποθανεῖν; Ἡ δὲ εἶπεν· Τίς ἐστιν ἡ πατρίς μου; ἐγὼ Πιονίου ἀδελφή εἰμι. 8. Τῷ δὲ Ἀσκληπιάδῃ Τερέντιος ὁ τότε ἐπιτελῶν τὰ κυνήγια εἶπεν· Σὲ αἰτήσομαι κατάδικον εἰς τὰς μονομάχους φιλοτιμίας τοῦ υἱοῦ μου. 9. Ὁ δὲ Ἀσκληπιάδης πρὸς αὐτόν· Οὐ φοβεῖς με ἐν τούτῳ.

10. Καὶ οὕτως εἰσήχθησαν εἰς τὴν φυλακήν, καὶ εἰσιόντι τῷ Πιονίῳ εἰς τὴν φυλακὴν εἷς τῶν διωγμιτῶν ἔκρουσε κατὰ τῆς κεφαλῆς μεγάλως ὥστε τραυματίσαι αὐτόν· ὁ δὲ ἡσύχασεν. 11. Αἱ χεῖρες δὲ τοῦ πατάξαντος αὐτὸν καὶ τὰ πλευρὰ ἐφλέγμαναν ὥστε μόλις αὐτὸν ἀναπνεῖν. 12. Εἰσελθόντες δὲ ἐδόξασαν τὸν θεὸν ὅτι ἔμειναν ἐν ὀνόματι Χριστοῦ ἀβλαβεῖς καὶ οὐκ ἐκράτησεν αὐτῶν ὁ ἐχθρὸς οὐδὲ Εὐκτήμων ὁ ὑποκριτής, καὶ διετέλουν ἐν ψαλμοῖς καὶ εὐχαῖς ἐπιστηρίζοντες ἑαυτούς. 13. Ἐλέγετο δὲ μετὰ ταῦτα ὅτι ἠξιώκει ὁ Εὐκτήμων ἀναγκασθῆναι ἡμᾶς, καὶ ὅτι αὐτὸς ἀπήνεγκε τὸ οἴδιον εἰς τὸ Νεμεσεῖον, ὃ καὶ μετὰ φαγεῖν ἐξ αὐτοῦ ὀπτηθὲν ἠθέλησεν ὅλον εἰς τὸν οἶκον ἀποφέρειν, 14. ὡς ἐγκαταγέλαστον αὐτὸν διὰ τὴν ἐπιορκίαν γενέσθαι ὅτι ὤμοσε τὴν τοῦ αὐτοκράτορος τύχην καὶ τὰς Νεμέσεις στεφανωθεὶς μὴ εἶναι Χριστιανὸς μηδὲ ὡς οἱ λοιποὶ παραλιπεῖν τι τῶν πρὸς τὴν ἐξάρνησιν.

XIX. Μετὰ δὲ ταῦτα ἦλθεν ὁ ἀνθύπατος εἰς τὴν Σμύρναν, καὶ προσαχθεὶς ὁ Πιόνιος ἐμαρτύρησε, γενομένων ὑπομνημάτων τῶν ὑποτεταγμένων, πρὸ τεσσάρων εἰδῶν Μαρτίων. 2. Καθεσθέντος πρὸ βήματος Κυντιλλιανὸς ἀνθύπατος ἐπηρώτησε· Τίς λέγῃ; Ἀπεκρίθη· Πιόνιος. 3. Ὁ δὲ ἀνθύπατος εἶπεν· Ἐπιθύεις; Ἀπεκρίνατο· Οὔ. 4. Ὁ ἀνθύπατος ἐπηρώτησεν· Ποίαν θρησκείαν ἢ αἵρεσιν ἔχεις; Ἀπεκρίνατο· Τῶν καθολικῶν. 5.

Ἐπηρώτησε· Ποίων καθολικῶν; Ἀπεκρίνατο· Τῆς καθολικῆς ἐκκλησίας εἰμὶ πρεσβύτερος. 6. Ὁ ἀνθύπατος· Σὺ εἶ ὁ διδάσκαλος αὐτῶν; Ἀπεκρίνατο· Ναί, ἐδίδασκον. 7. Ἐπηρώτησε· Τῆς μωρίας διδάσκαλος ἧς; Ἀπεκρίθη· Τῆς θεοσεβείας. 8. Ἐπηρώτησε· Ποίας θεοσεβείας; Ἀπεκρίθη· Τῆς εἰς τὸν θεὸν πατέρα τὸν ποιήσαντα τὰ πάντα. 9. Ὁ ἀνθύπατος εἶπεν· Θῦσον. Ἀπεκρίνατο· Οὔ· τῷ γὰρ θεῷ εὔχεσθαί με δεῖ. 10. Ὁ δὲ λέγει· Πάντες τοὺς θεοὺς σέβομεν καὶ τὸν οὐρανὸν καὶ τοὺς ὄντας ἐν τῷ οὐρανῷ θεούς. Τί τῷ ἀέρι προσέχεις; θῦσον αὐτῷ. 11. Ἀπεκρίθη· Οὐ τῷ ἀέρι προσέχω, ἀλλὰ τῷ ποιήσαντι τὸν ἀέρα καὶ τὸν οὐρανὸν καὶ πάντα τὰ ἐν αὐτοῖς. 12. Ὁ ἀνθύπατος εἶπεν· Εἰπόν, τίς ἐποίησεν; Ἀπεκρίνατο· Οὐκ ἔξεστιν εἰπεῖν. 13. Ὁ ἀνθύπατος εἶπεν· Πάντως ὁ θεός, τούτεστιν ὁ Ζεύς, ὅς ἐστιν ἐν οὐρανῷ· βασιλεὺς γάρ ἐστι πάντων τῶν θεῶν.

XX. Σιωπῶντι δὲ τῷ Πιονίῳ καὶ κρεμασθέντι ἐλέχθη· Θύσεις; Ἀπεκρίνατο· Οὔ. 2. Πάλιν βασανισθέντι αὐτῷ ὄνυξιν ἐλέχθη· Μετανόησον· διὰ τί ἀπονενόησαι; Ἀπεκρίνατο· Οὐκ ἀπονενόημαι, ἀλλὰ ζῶντα θεὸν φοβοῦμαι. 3. Ὁ ἀνθύπατος· Ἄλλοι πολλοὶ ἔθυσαν καὶ ζῶσι καὶ σωφρονοῦσιν. Ἀπεκρίνατο· Οὐ θύω. 4. Ὁ ἀνθύπατος εἶπεν· Ἐπερωτηθεὶς λόγισαί τι παρὰ σεαυτῷ καὶ μετανόησον. Ἀπεκρίνατο· Οὔ. 5. Ἐλέχθη αὐτῷ· Τί σπεύδεις ἐπὶ τὸν θάνατον; Ἀπεκρίνατο· Οὐκ ἐπὶ τὸν θάνατον, ἀλλ᾽ ἐπὶ τὴν ζωήν. 6. Κυντιλλιανὸς ὁ ἀνθύπατος εἶπεν· Οὐ μέγα πρᾶγμα ποιεῖς σπεύδων ἐπὶ τὸν θάνατον· καὶ γὰρ οἱ ἀπογραφόμενοι ἐλαχίστου ἀργυρίου πρὸς τὰ θηρία θανάτου καταφρονοῦσι, καὶ σὺ εἷς ἐκείνων εἶ· ἐπεὶ οὖν σπεύδεις ἐπὶ τὸν θάνατον, ζῶν καήσῃ. 7. Καὶ ἀπὸ πινακίδος ἀνεγνώσθη Ῥωμαϊστί· Πιόνιον ἑαυτὸν ὁμολογήσαντα εἶναι Χριστιανὸν ζῶντα καῆναι προσετάξαμεν.

XXI. Ἀπελθόντος δὲ αὐτοῦ μετὰ σπουδῆς εἰς τὸ στάδιον διὰ τὸ πρόθυμον τῆς πίστεως καί, ἐπιστάντος τοῦ κομενταρησίου, ἑκὼν ἀπεδύσατο. 2. Εἶτα κατανοήσας τὸ ἁγνὸν καὶ εὔσχημον τοῦ σώματος ἑαυτοῦ πολλῆς ἐπλήσθη χαρᾶς, ἀναβλέψας δὲ εἰς τὸν οὐρανὸν καὶ εὐχαριστήσας τῷ τοιούτον αὐτὸν διατηρήσαντι θεῷ ἥπλωσεν ἑαυτὸν ἐπὶ τοῦ ξύλου καὶ παρέδωκε τῷ στρατιώτῃ πεῖραι τοὺς ἥλους. 3. Καθηλωθέντι δὲ αὐτῷ πάλιν ὁ δημόσιος εἶπεν· Μετανόησον καὶ ἀρθήσονταί σου οἱ ἧλοι. 4. Ὁ δὲ ἀπεκρίθη· Ἠισθόμην γὰρ ὅτι ἔνεισι, καὶ συννοήσας ὀλίγον εἶπεν· Διὰ τοῦτο σπεύδω ἵνα θᾶττον ἐγερθῶ, δηλῶν τὴν ἐκ νεκρῶν ἀνάστασιν. 5. Ἀνώρθωσαν οὖν αὐτὸν ἐπὶ τοῦ ξύλου, καὶ λοιπὸν μετὰ ταῦτα καὶ πρεσβύτερόν τινα Μητρόδωρον τῆς αἱρέσεως τῶν Μαρκιωνιστῶν. 6. Ἔτυχεν δὲ τὸν μὲν Πιόνιον ἐκ δεξιῶν, τὸν δὲ Μητρόδωρον ἐξ ἀριστερῶν, πλὴν ἀμφότεροι ἔβλεπον πρὸς ἀνατολάς. 7. Προσενεγκάντων δὲ αὐτῶν τὴν ὕλην καὶ τὰ ξύλα κύκλῳ περισωρευσάντων, ὁ μὲν Πιόνιος συνέκλεισε τοὺς ὀφθαλμοὺς ὥστε τὸν ὄχλον ὑπολαβεῖν ὅτι ἀπέπνευσεν. 8. Ὁ δὲ κατὰ τὸ ἀπόρρητον εὐχόμενος ἐλθὼν ἐπὶ τὸ τέλος τῆς εὐχῆς ἀνέβλεψεν. 9. Ἤδη δὲ τῆς φλογὸς αἰρομένης γεγηθότι προσώπῳ τελευταῖον εἰπὼν τὸ ἀμὴν καὶ λέξας· Κύριε, δέξαι μου τὴν ψυχήν, ὡς ἐρευγόμενος ἡσύχως καὶ ἀπόνως ἀπέπνευσε καὶ παρακαταθήκην ἔδωκε τὸ πνεῦμα τῷ πατρὶ τῷ πᾶν αἷμα καὶ πᾶσαν ψυχὴν ἀδίκως κατακριθεῖσαν ἐπαγγειλαμένῳ φυλάξαι.

XXII. Τοιοῦτον βίον διανύσας ὁ μακάριος Πιόνιος ἀμώμητον, ἀνέγκλητον, ἀδιάφθορον, ἀεὶ τὴν γνώμην ἔχων τεταμένην εἰς θεὸν παντοκράτορα καὶ εἰς τὸν μεσίτην θεοῦ καὶ ἀνθρώπων Ἰησοῦν Χριστὸν τὸν κύριον ἡμῶν, τοιούτου κατηξιώθη τέλους, καὶ τὸν μέγαν ἀγῶνα νικήσας διῆλθε διὰ τῆς στενῆς θύρας εἰς τὸ πλατὺ καὶ μέγα φῶς. 2. Ἐσημάνθη δὲ αὐτοῦ ὁ στέφανος καὶ διὰ τοῦ σώματος. Μετὰ γὰρ τὸ κατασβεσθῆναι τὸ πῦρ τοιοῦτον αὐτὸν εἴδομεν οἱ παραγενόμενοι ὁποῖόν τε τὸ σῶμα ἀκμάζοντος ἀθλητοῦ κεκοσμημένου· 3. καὶ γὰρ τὰ ὦτα αὐτοῦ <οὐ> μυλλὰ ἐγένοντο καὶ αἱ τρίχες ἐν χρῷ τῆς κεφαλῆς προσεκάθηντο, τὸ δὲ γένειον αὐτοῦ ὡς ἰούλοις ἐπανθοῦν ἐκεκόσμητο· 4. ἐπέλαμπε δὲ καὶ τὸ πρόσωπον αὐτοῦ πάλιν χάρις θαυμαστή, ὥστε τοὺς Χριστιανοὺς στηριχθῆναι μᾶλλον τῇ πίστει, τοὺς δὲ ἀπίστους πτοηθέντας καὶ τὸ συνειδὸς ἔχοντας πεφοβημένον κατελθεῖν.

XXIII. Ταῦτα ἐπράχθη ἐπὶ ἀνθυπάτου τῆς Ἀσίας Ἰουλίου Πρόκλου Κυντιλλιανοῦ, ὑπατευόντων αὐτοκράτορος Γ. Μεσίου Κύντου Τραιανοῦ Δεκίου Σεβαστοῦ τὸ δεύτερον καὶ Οὐεττίου Γρατοῦ, πρὸ τεσσάρων εἰδῶν Μαρτίων κατὰ Ῥωμαίους, κατὰ δὲ Ἀσιανοὺς μηνὸς ἕκτου ἐννεακαιδεκάτῃ, ἡμέρᾳ σαββάτῳ, ὥρᾳ δεκάτῃ, κατὰ δὲ ἡμᾶς βασιλεύοντος τοῦ κυρίου ἡμῶν Ἰησοῦ Χριστοῦ, ᾧ ἡ δόξα εἰς τοὺς αἰῶνας τῶν αἰώνων. Ἀμήν.

Martyre de saint Pionios, prêtre, et de ses compagnons

I. L'Apôtre conseille de communier dans le souvenir des saints, sachant que la commémoration de ceux qui ont passé leur vie loyalement dans la foi avec tout leur coeur fortifie ceux qui veulent imiter tout ce qui est bon. 2. Il convient d'autant plus de commémorer Pionios le martyr parce que, pendant son séjour en ce monde, il a détourné beaucoup de gens de l'erreur en homme apostolique <de nos jours>, et finalement, lorsqu'il fut appelé auprès du Seigneur et rendit témoignage, il a laissé cet écrit pour notre admonition afin que nous ayons encore maintenant un souvenir de son enseignement.

II. Le 2 du sixième mois, au commencement du grand sabbat, au jour anniversaire du bienheureux martyr Polycarpe, lors de la persécution de Dèce, furent arrêtés Pionios, prêtre, Sabine, confesseur, Asclépiadès, Macédonia et Limnos, prêtre de l'église catholique. 2. Or donc Pionios, la veille de l'anniversaire de Polycarpe, sut qu'ils devaient être arrêtés en ce jour anniversaire. 3. Étant donc avec Sabine et Asclépiadès en train de jeûner, quand il sut qu'ils devaient être arrêtés le lendemain, il prit trois liens tressés et les fixa autour du cou de lui-même, de Sabine et d'Asclépiadès, et ils attendaient dans la pièce. 4. Il fit cela pour que, lorsqu'on les emmènerait, personne n'aille supposer qu'on les emmène, comme les autres, pour manger les viandes impures, mais que tous sachent qu'ils avaient décidé d'être emmenés aussitôt en prison.

III. Comme ils avaient prié et pris le pain sacré et l'eau, le jour du sabbat, Polémon le néocore se présenta devant eux avec ceux qui étaient chargés avec lui de rechercher les chrétiens et de les entraîner pour sacrifier et manger les viandes impures. 2. Et le néocore dit: "Vous savez évidemment que l'édit de l'empereur vous ordonne de sacrifier aux dieux." 3. Et Pionios dit: "Nous connaissons les ordres de Dieu, par lesquels il ordonne de n'adorer que lui seul." 4. Polémon dit: "Venez donc à l'Agora et là vous obéirez." Et Sabine et Asclépiadès dirent: "Nous obéissons au Dieu vivant." 5. Il les emmena donc sans avoir besoin de violence. Et, dans le trajet, tous virent qu'ils portaient des liens, et rapidement comme pour un spectacle inattendu, une foule accourut, se pressant les uns les autres. 6. Et, arrivés à l'Agora, dans le portique Est, au double portail, toute l'Agora et les portiques supérieurs étaient pleins de Grecs et de Juifs, et de femmes aussi; car ils étaient libres, parce que c'était le grand sabbat. 7. Ils montèrent aussi, pour voir, sur les bancs et sur les boîtes des marchands.

IV. On les plaça au milieu, et Polémon dit: "Il est bon, Pionios, que vous obéissiez comme tous les autres et que vous sacrifiiez pour n'être pas punis." 2. Étendant donc la main, Pionios, le visage radieux, fit un discours en ces termes.

"Vous, qui tous vous vantez de la beauté de Smyrne, qui vous glorifiez d'Homère, le fils de Mélès, dites-vous, et ceux des Juifs qui sont présents parmi vous écoutez-moi un peu, j'ai à vous parler. 3. Car j'apprends que vous riez et vous vous réjouissez des transfuges et vous jugez amusante leur défaillance, à savoir quand ils sacrifient volontairement. 4. Mais vous devriez, vous les Grecs, écouter votre maître Homère, qui vous donne ce conseil, qu'il n'est pas permis de se vanter de ceux qui meurent. 5. Quant à vous, Juifs, Moïse vous ordonne: Si tu vois l'âne de ton ennemi tombé sous la charge, ne passe pas sans t'arrêter, mais relève-le. 6. De même vous devriez écouter Salomon: Si ton ennemi est tombé, dit-il, ne t'en réjouis pas, et ne te félicite pas de sa chute. 7. Quant à moi en tout cas, pour obéir à mon maître je préfère mourir que de transgresser ses paroles, et je combats pour ne pas abandonner ce que j'ai d'abord appris et ensuite enseigné. 8. Que sont donc ceux dont les Juifs se gaussent sans pitié? Eh bien, même si nous sommes leurs ennemis, comme ils disent, nous sommes des hommes, et de plus persécutés. 9. Ils disent que nous avons des occasions de parler librement. Et alors: qui avons-nous lésé? qui avons-nous tué? qui avons-nous persécuté? qui avons-nous forcé à adorer les idoles? 10. Ou bien s'imaginent-ils que leurs fautes sont pareilles à celles que commettent certains maintenant à cause d'une peur bien humaine? Mais il y a toute la différence entre les fautes volontaires et involontaires. 11. Car qui a forcé les Juifs à être initiés à Belphegor? à manger les sacrifices pour les morts? à forniquer avec les filles des Gentils? à brûler pour les idoles leurs fils et leurs filles? à murmurer contre Dieu? à parler contre Moïse? à être ingrats en retour des bienfaits? à se retourner par le coeur vers l'Égypte? à dire à Aaron, quand Moïse était sur la montagne pour recevoir la loi: Fais-nous des dieux, et à fabriquer le veau? et tout ce qu'ils ont encore fait. 12. Vous, ils peuvent vous tromper. Mais qu'ils vous lisent le livre des Juges, les Rois, l'Exode et tous ceux où ils sont confondus. 13. Mais ils cherchent pourquoi certains, sans y être forcés, sont venus d'eux-mêmes sacrifier, et à cause de ceux-ci vous condamnez tous les Chrétiens? 14. Considérez la situation présente comme semblable à une aire: quel est le tas le plus grand, la paille ou le grain? Or, quand le paysan vient pour passer l'aire au van, la paille, légère, est facilement emportée par le souffle de l'air, mais le grain reste en place. 15. Voyez aussi la seine que l'on jette dans la mer. Tout ce qu'elle ramène n'est pas utilisable. Ainsi la situation présente. 16. Comment donc voulez-vous que nous subissions cela, comme justes ou comme coupables? Si c'est comme coupables, comment vous aussi, convaincus par les faits eux-même d'être coupables, ne subissez-vous pas la même peine? Si c'est comme justes, quand les justes souffrent, quelle espérance, alors vous, pouvez-vous conserver? Car si le juste est à peine sauvé, où paraîtra l'impie et le pécheur? 17. Car le jugement est suspendu sur le monde, et nous en sommes informés de maintes façons. 18. Moi-même, ayant voyagé, ayant parcouru toute la Judée et ayant traversé le Jourdain, j'ai vu un pays qui atteste jusqu'à maintenant la colère qu'il a subi de la part de Dieu, à cause des péchés de ses habitants, qui tuaient les étrangers et les chassaient en usant de violences. 19. J'ai vu la fumée qui sort de terre jusqu'à maintenant, et la terre réduite en cendres par le feu, privée de tout fruit et de tout élément humide. 20. J'ai vu aussi la Mer Morte, cette eau, ayant changé de nature, elle a perdu sa force en dehors de nature par la crainte de Dieu et elle ne peut nourrir d'être vivant; celui qui y plonge est rejeté en l'air par l'eau, elle ne peut retenir un corps humain. Car elle ne veut pas recevoir d'homme, pour n'être pas de nouveau punie à cause d'un homme. 21. Je vous parle d'endroits loin de vous. Mais vous-mêmes vous voyez et vous parlez de la terre de la [Décapole de] Lydie brûlée par le feu et exposée jusqu'à maintenant en exemple pour les impies, [le feu qui jaillit de l'Etna et de la Sicile et aussi de la Lycie]. 22. Si cela même est loin de vous, comprenez l'usage de l'eau chaude, je veux dire celle qui jaillit de la terre, et imaginez d'où elle est allumée ou bien d'où elle est chauffée, si elle ne jaillit pas d'un feu souterrain. 23. Dites aussi les embrasements partiels et les déluges, sous Deucalion selon vous et sous Noé selon nous-mêmes, faits partiels pour que par les détails on juge de l'ensemble. 24. C'est pourquoi nous, nous attestons le jugement de Dieu à venir par le feu par son Verbe Jésus Christ, et c'est pourquoi nous n'adorons pas ceux que vous appelez vos dieux et nous ne nous prosternons pas devant l'image en or."

V. En disant ces choses et beaucoup d'autres Pionios garda longtemps la parole; le néocore, avec ses acolytes, et toute la foule tendaient leurs oreilles, et il y avait un tel silence que personne même ne chuchotait. 2. Pionios ayant répété: "Nous n'adorons pas vos dieux et nous ne vénérons pas l'image en or," on les mena en plein air, au milieu, et des marchands les entourèrent avec Polémon, en insistant à les fléchir et en disant: 3. "Écoute-nous, Pionios, parce que nous t'aimons et tu es digne de vivre pour beaucoup de raisons, à cause de ton caractère et de ta douceur. Il est bon de vivre et de voir cette lumière," et bien d'autres choses. 4. Mais lui: "Moi aussi je dis qu'il est bon de vivre, mais ce que nous désirons est encore meilleur. Oui, la lumière, mais la vraie lumière. 5. Oui certes, tout cela est bon. Nous n'avons pas le goût de la mort, nous ne détestons pas les oeuvres de Dieu, et nous ne fuyons pas; mais c'est la supériorité d'autres grands biens qui nous fait mépriser ceux-ci, qui sont des pièges."

VI. Un certain Alexandros, commerçant, qui était un méchant homme, dit: "Écoute-nous, Pionios." Pionios répondit: "Toi, mets-toi à m'écouter; car ce que tu sais, toi, je le sais, et ce que je sais, moi, toi tu l'ignores." 2. Mais Alexandros voulut le bafouer, en disant comme s'il n'avait pas compris: "Et ça, c'est pourquoi?" 3. Pionios répondit: "Ça, c'est pour que, quand nous traversons votre ville, on ne s'imagine pas que nous sommes venus pour manger les viandes impures, et que vous appreniez que nous ne voulons même pas être interrogés, mais que, l'ayant décidé nous-mêmes, nous nous rendons non au Néméseion, mais à la prison, et pour que vous ne nous emmeniez pas comme les autres en nous enlevant de force, mais que vous nous laissiez parce que nous portons des liens; car sans doute avec des liens vous ne nous amenez pas à vos lieux d'idoles." 4. Ainsi ferma-t-il la bouche à Alexandros. De nouveau ceux-ci insistaient beaucoup et il répondait: "Nous avons décidé ainsi," et il les réfutait copieusement, et il leur annonçait les choses à venir. Alors Alexandros dit: 5. "Quel besoin y a-t-il, dit-il, de ces discours de vous, alors que la vie ne vous est plus permise?"

VII. Comme le peuple voulait tenir une assemblée au théâtre pour s'informer là davantage, certains, dans l'intérêt du stratège, allèrent trouver le néocore Polémon pour lui dire: "Ne lui permets pas de parler, pour qu'ils n'entrent pas au théâtre et qu'il n'y ait du tumulte et une enquête au sujet du pain." 2. Sur cette information, Polémon dit: "Pionios, si tu ne veux pas sacrifier, viens du moins au Néméseion." L'autre répondit: "Mais il ne sert en rien à tes idoles que nous allions là." 3. Polémon dit: "Écoute-nous, Pionios." Pionios dit: "Si je pouvais vous persuader de devenir chrétiens!" 4. Mais eux éclatèrent de rire très fort en disant: "Tu ne peux pas nous faire brûler vivants." Pionios dit: "Il est bien pire de brûler après sa mort." 5. Comme Sabine souriait, le néocore et ses gens dirent: "Tu ris?" Elle répondit: "Si Dieu le veut, oui; car nous sommes chrétiens; or tous ceux qui croient au Christ sans doute aucun riront dans une joie éternelle." 6. Ils lui dirent: "Toi, tu vas subir ce que tu ne veux pas; car celles qui ne sacrifient pas sont exposées au bordel." Elle répondit: "Dieu saint y pourvoira."

VIII. De nouveau Polémon s'adressa à Pionios: "Écoute-nous, Pionios." Pionios répondit: "Tu as l'ordre de persuader ou de punir: tu ne persuades pas, punis." 2. Alors le néocore Polémon procède à l'interrogation en disant: "Sacrifie, Pionios." Pionios répondit: "Je suis chrétien." 3. Polémon dit: "Quel dieu adores-tu?" Pionios répondit: "Le Dieu tout puissant qui a fait le ciel et la terre et tout ce qui y est contenu et nous tous, lui qui nous fournit tout avec abondance et que nous avons connu par son Verbe le Christ." 4. Polémon dit: "Sacrifie donc du moins à l'empereur." Pionios répondit: "Je ne sacrifie pas à un homme; car je suis chrétien."

IX. Alors il procède à l'interrogatoire avec procès-verbal, en ces termes: "Quel est ton nom?" Le sténographe écrivait tout. Réponse: "Pionios." 2. Polémon dit: "Es-tu chrétien?" Pionios dit: "Oui." Polémon le néocore dit: "De quelle église?" Réponse: "Catholique: car il n'y en a pas d'autre auprès du Christ." 3. Puis il en vint à Sabine. Pionios avait prévenu celle-ci: "Appelle-toi Théodotè," pour qu'elle ne retombât pas, à cause de son nom, dans les mains de l'impie Politta qui avait été sa maîtresse. 4. Car, au temps de Gordien, comme celle-ci voulait faire changer de foi Sabine, elle l'avait enchaînée et exilée dans les montagnes, où elle avait eu de quoi vivre des frères en secret; ensuite on avait eu à coeur de la faire libérer et de Politta et des chaînes, et elle vivait la plupart du temps avec Pionios et elle fut arrêtée dans cette persécution-ci. 5. Polémon l'interrogea donc: "Quel est ton nom?" Elle répondit: "Théodotè." Il dit: "Es-tu chrétienne?" Elle dit: "Oui, je suis chrétienne." 6. Polémon dit: "De quelle église?" Sabine dit: "Catholique." Polémon dit: "Qui adores-tu?" Sabine dit: "Le Dieu tout puissant qui a fait le ciel et la terre et nous tous, et que nous avons connu par son Verbe Jésus Christ." 7. Ensuite il procède à l'interrogatoire d'Asclépiadès: "Quel est ton nom?" Il dit: "Asclépiadès." Polémon dit: "Es-tu chrétien?" Asclépiadès dit: "Oui." 8. Polémon dit: "De quelle église?" Asclépiadès dit: "Catholique." Polémon dit: "Qui adores-tu?" Asclépiadès dit: "Le Christ Jésus." 9. Polémon dit: "C'est donc un autre?" Asclépiadès dit: "Non, c'est le même qu'ont dit aussi ceux-ci."

X. Après ces mots on les emmena à la prison; une grande foule suivait, à remplir l'Agora. 2. Et certains disaient de Pionios: "Lui qui est toujours pâle, comment a-t-il maintenant le visage si ardent?" 3. Comme Sabine le tenait par son manteau à cause de la poussée de la foule, certains disaient en se moquant: "Allons, elle a peur d'être séparée de sa nourrice." 4. Un homme cria: "S'ils ne sacrifient pas, qu'ils soient punis." Polémon répondit: "Mais nous n'avons pas devant nous les faisceaux qui nous donneraient le droit de punir." 5. Un autre dit: "Voyez, un nabot va sacrifier." Il parlait de notre compagnon Asclépiadès. 6. Pionios répondit: "Toi, tu mens. Car il ne fait pas ça." D'autres disaient: "Un tel et un tel ont sacrifié." Pionios répondit: "Chacun prend le parti qu'il veut. En quoi cela me concerne-t-il donc? Moi, je m'appelle Pionios." 7. D'autres disaient: "Une telle discipline, et voilà ce qui arrive." Pionios répondit: "Vous la connaissez mieux par les famines que vous avez éprouvées et les morts et les autres coups." 8. Quelqu'un lui dit: "Toi aussi, tu as eu faim avec nous." Pionios répondit: "Moi, j'avais l'espoir en Dieu."

XI. Après avoir dit ces mots avec peine — ils étaient serrés par la foule au point d'étouffer — on les jeta en prison en les livrant aux gardiens. 2. En y entrant ils y trouvèrent enfermé un prêtre de l'église catholique du nom de Limnos, et ainsi qu'une femme, Macédonia, du village de Kariné, et un adepte de la secte des Phrygiens du nom d'Eutychianos. 3. Comme ils étaient donc ensemble les chefs de la prison s'aperçurent que Pionios et ses gens ne prenaient pas les dons apportés par les fidèles. Car Pionios disait: "Lorsque nous étions bien davantage dans le besoin, nous n'avons été à charge à personne, et maintenant comment recevrions-nous des dons?" 4. Aussi les gardiens furent irrités, car ils avaient des gratifications supplémentaires de ce qui arrivait pour les prisonniers, et, dans leur colère, ils les jetèrent dans la partie la plus reculée, pour que les prisonniers n'aient pas tous ces cadeaux. 5. Ayant donc glorifié Dieu, ils restèrent tranquilles, en leur offrant les pourboires d'usage; aussi le chef de la prison changea d'avis et les transféra de nouveau dans la partie antérieure. 6. Ils y restèrent en disant, "Gloire au Seigneur: car cela nous est arrivé pour le bien." 7. Car ils avaient permission de discuter et de prier jour et nuit.

XII. Cependant, en prison aussi beaucoup de païens venaient pour les persuader et en entendant leurs réponses ils étaient dans l'admiration. 2. Il venait aussi ceux des frères chrétiens qui avaient été entraînés de force; ils gémissaient beaucoup, en sorte que Pionios et les siens avaient une grande affliction à chaque heure, surtout pour les gens pieux et qui avaient eu une bonne conduite; aussi Pionios dit-il en pleurant:

3. "Je subis un châtiment nouveau: je me sens les membres coupés, quand je vois les perles de l'église foulées aux pieds par les porcs (Matt. 5.6), et les astres du ciel balayés sur la terre par la queue du dragon (Apoc. 12.9), et la vigne qu'avait plantée la droite de Dieu abîmée par le sanglier féroce (Ps. 79.9), et maintenant ses fruits sont ramassés par ceux qui passent sur la route. 4. Mes petits enfants, vous que j'ai enfantés de nouveau jusqu'à ce que le Christ prenne forme en vous (Gal. 4.19), mes préférés délicats ont suivi des chemins raboteux (Bar. 4.26). 5. C'est maintenant que Suzanne est guettée par les vieillards impurs (Sus. 28 sqq.), maintenant ils la dévoilent, elle délicate et belle, pour se rassasier de sa beauté, et ils proféreront contre elle de faux témoignages. 6. Maintenant Aman s'enivre, Esther est bouleversée avec toute la ville en trouble (Esth. 3.15). 7. Maintenant il n'y a point disette de pain ni d'eau, mais d'entendre la parole du Seigneur (Am. 8.11). 8. Ou les vierges se sont-elles toutes et tout à fait assoupies et endormies (Matt. 25.5)? 9. La parole du seigneur Jésus a été accomplie: est-ce que le fils de l'homme à son retour trouvera la foi sur la terre (Luc 18.8)? 10. J'apprends que chacun livre son voisin, pour que soit accomplie la parole: le frère livrera son frère à la mort (Marc 13.12). 11. Satan nous a donc obtenus pour nous passer au crible comme le blé (Luc 22.31): de feu est le van dans la main du Verbe de Dieu pour purifier l'aire (Matt. 3.12). 12. Sans doute le sel s'est affadi

et il a été rejeté et il est foulé aux pieds par les hommes (Matt. 5.13).
13. Mais que personne ne suppose, mes petits enfants, que le Seigneur a
été impuissant; c'est nous. 14. Car ma main, dit-il, est-elle vraiment trop
faible pour retirer du danger (Jes. 59.1 sq.); ou mon oreille est-elle trop
sourde pour écouter? Mais vos péchés sont une barrière entre moi, Dieu,
et vous. 15. Car nous avons été coupables, et certains par le mépris; nous
avons violé la loi en nous mordant et en nous accusant les uns les autres
(Gal. 5.15); nous nous sommes détruits les uns les autres. 16. Il aurait
fallu que la notre justice l'emporte davantage sur celle des Scribes et des
Pharisiens (Matt. 5.20).

XIII. J'apprends que les Juifs invitent certains de vous dans des ré-
unions à la synagogue. Aussi prenez garde à ne pas tomber dans un péché
plus grand et volontaire, et à ne pas commettre le péché irrémissible du
blasphème contre l'Esprit Saint (Marc 3.29). 2. Ne devenez pas avec eux
des archontes de Sodome et le peuple de Gomorrhe, dont les mains sont
remplies de sang. Ce n'est pas nous qui avons tué les prophètes ni qui
avons livré le Christ et l'avons crucifié. 3. Et pourquoi vous en dire tant?
Rappelez-vous ce que vous avez entendu et effectuez maintenant ce que
vous avez appris. Car vous avez entendu aussi ce que disent les Juifs: Le
Christ est un homme et il est mort exécuté d'une mort violente (*biothanès*). 4. Qu'ils nous disent alors quel était cette sorte de supplicié dont
les disciples ont rempli le monde entier? 5. Cet homme supplicié dont les
disciples et tant d'autres après eux sont morts au nom de leur maître? 6.
Cet homme supplicié au nom duquel, pendant tant d'années, les démons
ont été chassés, sont chassés et seront chassés? Et toutes les autres grandes
choses qui ont lieu dans l'église catholique. 7. Ils ignorent que *biothanès*
est celui qui de sa propre volonté se retranche de la vie. 8. Ils disent aussi
qu'ils ont pratiqué la nécromancie et qu'ils ont évoqué le Christ avec sa
croix. 9. Mais quelle écriture, chez eux ou chez nous, raconte cela du
Christ? Qui des justes l'a jamais dit? Ceux qui le disent ne sont-ils pas
eux-mêmes impies? Comment croirait-on les paroles d'impies, et pas plutôt les justes?

XIV. Eh bien, ce qu'ils disent faussement avoir eu lieu maintenant, je
l'ai entendu dès mon enfance de la bouche même des Juifs. 2. Il est écrit
que Saül interrogea l'oracle rendu par la ventriloque et dit à la femme qui
prophétisait de cette manière: Fais-moi venir ici le prophète Samuel. 3. Et
la femme vit un homme debout qui montait, dans un double manteau. Et

Saül reconnut que c'était Samuel, et il l'interrogea sur ce qu'il voulait. 4. Eh bien quoi? La ventriloque a-t-elle pu évoquer Samuel ou non? 5. S'ils disent: "Oui," ils ont avoué que l'état de culpabilité est plus fort que la justice, et ils sont maudits. 6. Mais s'ils disent: "Elle ne l'a pas évoqué," alors donc non plus le Christ Seigneur. 7. L'argumentation de cette histoire est celle-ci: comment la coupable ventriloque, la diablesse, a-t-elle pu évoquer l'âme du saint prophète qui repose dans le sein d'Abraham? Car c'est l'inférieur qui reçoit les ordres du supérieur. 8. Donc Samuel n'a pas été évoqué, comme ceux-ci le supposent? En aucune façon. Mais voilà la réalité: 9. Tout homme qui abandonne Dieu est accompagné par les anges de l'apostasie, et tout magicien, sorcier, enchanteur et devin est servi par des ministres diaboliques. 10. Ce n'est pas étonnant. Car l'Apôtre a dit: Satan lui-même se transforme en ange de lumière (II Cor. 11.14 sq.). Il n'est donc pas difficile que ses serviteurs se transforment en serviteurs de justice. Car aussi l'Anti-Christ apparaîtra comme le Christ. 11. Non point qu'elle ait évoqué Samuel, mais des démons de l'enfer ayant pris l'apparence de Samuel se sont manifestés à la ventriloque et à l'apostat Saül. 12. L'écriture elle-même le montrera. En effet lui qui semblait être Samuel dit, paraît-il, à Saül: Toi aussi tu seras aujourd'hui avec moi. 13. Comment l'idolâtre Saül peut-il se trouver avec Samuel? Il est bien évident que c'est avec les criminels et les démons qui l'ont trompé et qui sont ses maîtres. Ainsi donc ce n'était pas Samuel. 14. Mais s'il est impossible d'évoquer l'âme du saint prophète, comment Jésus Christ qui est aux cieux, que ses disciples ont vu enlevé au ciel, ses disciples qui sont morts pour ne pas le renier, comment est-il possible qu'on l'ait vu remontant de la terre? 15. Mais si vous ne pouvez pas leur opposer ces arguments, dites-leur: Quoi qu'il en soit, nous sommes meilleurs que vous qui, sans y être forcés, avez forniqué et adoré les idoles. 16. Et n'allez pas être d'accord avec eux par désespoir, frères, mais dans le repentir restez attachés au Christ. Car il est miséricordieux pour vous recevoir de nouveau comme des enfants."

XV. Comme il tenait ces discours et qu'il les pressait de quitter la prison, survinrent le néocore Polémon et l'hipparque Théophilos avec des diogmites et beaucoup de gens, et ils dirent: 2. "Vois donc, Euktémon votre chef a sacrifié, obéissez vous aussi. Lepidus et Euktémon vous demandent au Néméseion." 3. Pionios dit: "Ceux qui ont été jetés en prison doivent en conséquence attendre le proconsul; pourquoi vous octroyez-

vous le rôle de celui-ci?" 4. Ils partirent donc, après une grande discussion, et ils revinrent avec des diogmites et une foule, et l'hipparque Théophile dit pour les tromper: "Le proconsul a envoyé pour que vous soyez
emmenés à Éphèse." 5. Pionios répondit: "Que l'envoyé vienne et qu'il
nous prenne en charge." L'hipparque répondit: "Mais c'est un centurion,
un personnage considérable. Si tu refuses, moi je suis magistrat." 6. Et
l'ayant saisi il serra son voile autour de son cou et le transmit aux mains
d'un diogmite, en l'étranglant presque. 7. Ils arrivent donc à l'Agora, et
les autres et Sabine avec eux. Ils criaient très fort: "Nous sommes chrétiens." Ils se jetaient par terre pour n'être pas entraînés jusqu'au lieu des
idoles. Six diogmites portaient Pionios la tête en bas car ils ne pouvaient
l'empêcher de leur donner des coups de genou dans les côtés et de faire
plier leurs mains et leurs pieds.

XVI. Il criait tandis qu'ils l'emmenaient en le portant et ils le posèrent par terre près de l'autel, près duquel se tenait encore Euktémon dans
une attitude idolâtre. 2. Et Lepidus dit: "Pourquoi ne sacrifiez-vous pas,
vous, Pionios?" Pionios et les siens dirent: "Parce que nous sommes chrétiens." 3. Lepidus dit: "Quel dieu adorez-vous?" Pionios dit: "Celui qui a
fait le ciel, la terre, la mer et tout ce qui y est." 4. Lepidus dit: "C'est donc
le crucifié?" Pionios dit: "Celui que Dieu a envoyé pour le salut du
monde." 5. Les magistrats poussèrent de grands cris et éclatèrent de rire,
et Lepidus le maudit. 6. Mais Pionios criait: "Respectez la piété, honorez
la justice, reconnaissez ce qui est de même nature; obéissez à vos propres
lois. Vous nous punissez pour désobéissance, mais vous-mêmes vous dé-
sobéissez; vous avez l'ordre de punir, non de faire violence."

XVII. Un certain Rufinus, qui se trouvait là, ayant la réputation d'ê-
tre un des meilleurs rhéteurs, lui dit: "Cesse, Pionios, ne profère pas de
vaines théories." 2. Pionios lui répondit: "Voilà tes discours, voilà tes livres! Socrate n'a pas subi des Athéniens un tel sort. Maintenant il n'y a
que des Anytos et des Mélétos. 3. Est-ce que Socrate, Aristide, Anaxarque
et les autres proféraient de vaines théories, d'après vous, parce qu'ils pratiquaient la philosophie, la justice et la constance?" 4. Rufinus n'eut rien
à répondre à ces mots.

XVIII. L'un des gens en situation éminente et très réputé dans le
monde et Lépidus avec lui dirent: "Ne crie pas, Pionios." 2. Il lui répondit:
"Et toi ne fais pas violence. Allume le feu et nous y montons de nous-

mêmes." 3. Un certain Terentius cria de la foule: "Vous savez que c'est lui qui empêche les autres de sacrifier?" 4. À la fin donc ils leur mirent des couronnes; mais eux les déchirèrent et les jetèrent. 5. L'esclave public était là tenant la viande sacrifiée des idoles. Cependant il n'osa s'approcher d'aucun d'eux, mais lui devant tous la mangea, lui le servant public. 6. Comme ils criaient: "Nous sommes chrétiens," ne trouvant pas que leur faire on les renvoya en prison, et la foule les injuriait et les frappait. 7. Quelqu'un dit à Sabine: "Toi tu ne pouvais pas aller mourir dans ta patrie?" Elle dit: "Quelle est ma patrie? Je suis la soeur de Pionios." 8. Terentius, qui célébrait alors les chasses d'amphithéâtre, dit à Asclépiadès: "Je te réclamerai comme condamné pour les spectacles de gladiateurs de mon fils." 9. Asclépiadès lui répondit: "Tu ne me fais pas peur par ça."

10. C'est ainsi qu'ils furent emmenés dans la prison. Comme Pionios entrait dans la prison, l'un des diogmites lui donna un grand coup à la tête et le blessa: mais Pionios ne dit rien. 11. Les mains de celui qui l'avait frappé, et ses côtés aussi, gonflèrent au point qu'il pouvait à peine respirer. 12. Après leur entrée ils glorifièrent Dieu d'être restés intacts au nom du Christ et de ce que l'Ennemi ni Euktémon le fourbe ne les avait eus, et ils ne cessèrent de se soutenir dans les psaumes et les prières. 13. On disait ensuite qu'Euktémon avait demandé qu'on nous forçât, et que lui-même avait emporté l'agneau au Néméseion, et qu'après en avoir mangé il avait voulu l'emporter rôti chez lui tout entier. 14. Aussi avait-il été ridiculisé par son parjure, parce qu'il avait juré par la Fortune de l'empereur et les Néméseis, couronne en tête, n'être pas chrétien et, à la différence des autres, de ne rien négliger pour la dénégation.

XIX. Par la suite le proconsul vint à Smyrne, et Pionios, amené devant lui, rendit témoignage, selon les procès-verbaux ci-dessous, le 4 avant les ides de mars. 2. Pionios ayant comparu devant le tribunal, Quintillianus le proconsul procéda à l'interrogatoire: "Quel est ton nom?" Réponse: "Pionios." 3. Le proconsul dit: "Sacrifies-tu?" Il répondit: "Non." 4. Le proconsul demande: "Quelle est ta religion ou ta secte?" Il répondit: "Celle des catholiques." 5. Il demanda: "De quels catholiques?" Il répondit: "Je suis prêtre de l'église catholique." 6. Le proconsul: "Tu es leur maître?" Il répondit: "Oui, je les enseignais." 7. Il demanda: "Tu étais maître de folie?" Réponse: "De piété." 8. Il demanda: "De quelle piété?" Réponse: "Envers le Dieu qui a tout créé." 9. Le proconsul dit: "Sacrifie." Il répondit: "Non; car je ne puis prier que Dieu." 10. L'autre dit: "Tous nous adorons les dieux et le ciel et les dieux qui sont dans le ciel. Pourquoi tiens-tu à l'air? Sacrifie-lui." 11. Réponse: "Je ne tiens pas à l'air, mais à celui qui a fait l'air, le ciel et tout ce qu'ils contiennent." 12. Le proconsul dit: "Dis-moi, qui les a faits?" Il répondit: "Il n'est pas possible de le dire." 13. Le proconsul dit: "Certainement Dieu, c'est-à-dire Zeus, qui est dans le ciel; car il est le roi de tous les dieux."

XX. Pionios garda le silence et fut suspendu. On lui dit: "Alors, sacrifies-tu?" Il répondit: "Non." 2. De nouveau on lui dit quand il eut été torturé par les "ongles": "Change d'avis; pourquoi as-tu perdu l'esprit?" Il répondit: "Je n'ai pas perdu l'esprit, mais je crains le Dieu vivant." 3. Le proconsul: "Beaucoup d'hommes ont sacrifié et ils vivent et ils sont sensés." Il répondit: "Je ne sacrifie pas." 4. Le proconsul dit: "Après interrogatoire réfléchis un peu en toi-même et change d'avis." Il répondit: "Non." 5. On lui dit: "Pourquoi aspires-tu à la mort?" Il répondit: "Non à la mort, mais à la vie." 6. Quintillianus le proconsul dit: "Ce n'est pas grand-chose ce que tu fais, d'aspirer à la mort, car ceux qui s'engagent pour très peu d'argent pour lutter contre les bêtes méprisent la mort; toi aussi tu es l'un d'eux. Eh bien, puisque tu aspires à la mort, tu seras brûlé vif." 7. Et sur une tablette on lit en latin: "Pionios ayant confessé être chrétien sera brûlé vif selon notre ordre."

XXI. Pionios arriva donc en hâte vers le stade, dans l'ardeur de sa foi, et, le *commentariensis* étant arrivé, il se déshabilla lui-même. 2. Puis ayant constaté la pureté et la bonne tenue de son corps, il fut rempli d'une grande joie. Ayant levé les yeux au ciel et ayant remercié Dieu qui l'avait conservé ainsi, il s'étendit sur la croix, et se livra au soldat pour qu'il enfonçât les clous. 3. Quand il fut cloué, le bourreau lui dit de nouveau: "Change d'avis, et les clous te seront enlevés." 4. Mais il répondit: "J'ai bien senti qu'ils sont fixés." Puis ayant réfléchi un peu, il dit: "Je me hâte, pour me réveiller plus vite," entendant la résurrection des morts. 5. Ils le dressèrent alors sur la croix, et aussi, ensuite un prêtre, Métrodore, de la secte des Marcionites. 6. Il se trouvait que Pionios était à droite et Métrodore à gauche, sauf que tous deux regardaient l'orient. 7. Quand on eut apporté le bois et qu'on eut entassé les bois en corde tout autour, Pionios ferma les yeux en sorte que la foule crut qu'il avait expiré. 8. Mais lui, qui priait en secret, rouvrit les yeux quand il fut arrivé à la fin de sa prière. 9. Et comme déjà la flamme s'élevait, le visage joyeux, ayant dit le dernier amen avec ces mots: "Seigneur, reçois mon âme," donc comme avec un râle il expira doucement et sans effort, et il confia son esprit à Dieu, qui a promis de veiller sur tout sang et toute âme condamnée injustement.

XXII. Le bienheureux Pionios, après avoir passé une telle vie, sans blâme, sans reproche, sans souillure, ayant son esprit toujours tendu vers Dieu tout puissant et vers le médiateur entre Dieu et les hommes, Jésus Christ notre Seigneur, fut jugé digne d'une telle fin, et après avoir vaincu dans le grand combat il entra par la porte étroite dans la vaste et grande lumière. 2. La couronne fut manifestée aussi corporellement. Car après que le feu se fut éteint, en approchant nous le vîmes tel que le corps d'un athlète dans sa force et décoré. 3. En effet ses oreilles n'avaient pas été déformées, et ses cheveux tenaient à la peau de sa tête, et son menton s'ornait comme d'une floraison de duvet. 4. Son visage était de nouveau illuminé d'une grâce admirable; aussi les chrétiens furent-ils renforcés encore dans leur foi, et les incroyants s'en allèrent terrifiés et la conscience effrayée.

XXIII. Ces faits eurent lieu sous le proconsul d'Asie Julius Proclus Quintillianus, étant consuls l'empereur Gaius Messius Quintus Trajanus Decius Auguste, pour la seconde fois, et Vettius Gratus, le 4 avant les ides de Mars selon les Romains, selon le calendrier de la province d'Asie le 19 du sixième mois, au jour du sabbat, à la dixième heure, selon notre comput étant roi notre seigneur Jésus Christ, auquel gloire pour les siècles des siècles. Amen.

COMMENTAIRE

I

1. Le début fait allusion à NT, Rom. 12.13, ταῖς χρείαις τῶν ἁγίων κοινωνοῦντες. Pour la grammaire et le style de l'expression ἐπιδημεῖν τῷ κόσμῳ, cf. Origène, *contra Celsum* II.75, τῇ ἐπιδεδημηκυίᾳ τῷ γένει τῶν ἀνθρώπων ζωῇ et d'autres citations chez Lampe, s.v. ("dwell among or with," "come into the world of men"). Signification de κόσμος, "le monde de l'homme," "le monde quotidien," "les choses mondaines": *Catenae in epistolas catholicas,* ad Jac. 4.4 κόσμον . . . λέγει πᾶσαν τὴν ὑλικὴν ζωήν. Pour ἀποστολικὸς ἀνήρ, *Mart. Polycarpi* 16.2, ἐν τοῖς καθ᾿ ἡμᾶς χρόνοις διδάσκαλος ἀποστολικὸς καὶ προφητικὸς γενόμενος. L'enseignement (διδασκαλία) de Pionios correspondra bien à des aspects des Actes des Apôtres et notamment aux trois discours de St. Paul pour sa défense (ch. 22, 24, 26).

ὑγιῶς, "loyalement." Cf. Bauer[6], 1661, s.v. ὑγιής 2.

τὰ κρείττω, "tout ce qui est bon." Cf. Hébr. 6.9: πεπείσμεθα περὶ ὑμῶν τὰ κρείττω.

τὸ σύγγραμμα τοῦτο. Ce document de Pionios doit être le texte fondamental du récit du *martyrium* jusqu'au moment de la mort du saint: Delehaye, *Passions,* 30–32; Cadoux, *Ancient Smyrna,* 389 n. 1. On suppose que Pionios écrivit son récit quand il était dans la prison en attendant la mort. Selon Cadoux, "There is nothing whatever impossible about the writing having been done in gaol . . . , or about its consisting of Pionios' own notes of his experiences, conversations and speeches (in short the substance of *Mart. Pion.* ii-xviii). The speeches and conversations would well represent his 'teaching'; and their context suggests a writing closely connected, in time and circumstances, with the martyrdom." Il faut insister sur le τοῦτο qui implique sans ambiguïté que le récit suivant est essentiellement le σύγγραμμα. Delehaye croyait que le rédacteur qui acheva le martyre transposa le récit autobiographique de la première personne à la troisième. Dans X.5 (voir le commentaire plus bas) se trouve une phrase (σὺν ἡμῖν) qui n'avait pu être transposée, et il semble que nous avons là les mots précis de l'écrit de Pionios. S'il y avait un rédacteur, il se peut qu'il ait utilisé aussi les protocoles d'interrogation, qu'on retrouve certainement dans les chapitres XIX sqq. La référence à l'écrit de Pionios manque dans la version latine de Ruinart, mais le traducteur de la version de Lipomanus le conserve sous le mot *exemplum: admonitionis gratia hoc nobis uirtutis exemplum reliquit.* Le texte vieux-slave rend σύγ-γραμμα très littéralement: "il a laissé cet écrit pour notre instruction" (Vaillant). Dans la version arménienne également on a exactement, "ließ er uns dieses Schreiben zurück zur Ermahnung."

II

1. Pour le calendrier de Smyrne et les noms des mois, voir L. Robert, *REA* 36 (1938), 23–28 (*OMS* II, 786–91). Le sixième mois commence le 21 février, et cela veut dire que le deuxième jour indique le 23. (Voir plus bas le commentaire sur ch. XXIII.) L'usage du calendrier local est archaï-sant. J. B. Lightfoot (*The Apostolic Fathers*[2], II.1 [London-New York], 1889) a mal compris le texte en changeant ἐνισταμένου σαββάτου μεγά-λου en ἱσταμένου, σαββάτῳ μεγάλῳ (malheureusement repris dans le texte de Hilhorst, 1987). Pour ἐνισταμένου dans une formule de datation qui signifie le début d'une saison ou d'une célébration, cf. Sept., III Rois 12.24, ἐνισταμένου τοῦ ἐνιαυτοῦ; aussi Théophraste, *HP* 9.8.2, ἐνιστα-μένου (le printemps). La traduction vieux-slave rend le texte grec littérale-ment par *nastajošti sobotě velicěi*. Pour le grand sabbat, cf. *Mart. Poly-carpi* 8.1 (ὄντος σαββάτου μεγάλου) et 21 (σαββάτῳ μεγάλῳ). On explique le grand sabbat d'habitude comme le dimanche chrétien (ainsi dans le commentaire de Hilhorst, p. 454): cf. Rordorf, "Problem," 245–49. Mais cette solution n'est pas du tout convaincante, comme l'a bien démontré P. Devos, "Μέγα Σάββατον chez Saint Épiphane," *AnalBoll* 108 (1990), 293–306. Chez St. Épiphane le μέγα σάββατον est, selon Devos, "le Christ en personne, considéré comme nous 'faisant repos' des fautes, comme apportant son ἀνάπαυσις" (p. 299), et il annonce une étude sur ce thème dans les Martyres de Polycarpe et de Pionios. Est-il possible que le grand sabbat dans ces martyres indique la saison du carême? En néo-grec l'expression est normalement liée à Pâques, comme terme technique pour le samedi avant Pâques.

Sur γενέθλια, pour les martyrs et le jour du martyre, Delehaye, *Pas-sions,* 11–59. Le lien avec Polycarpe est naturel à Smyrne avec son culte de Polycarpe. L'allusion est importante pour l'intervalle chronologique: cela doit signaler que ce martyre ne se rapporte pas à un événement con-temporain. Pour l'usage de κατά dans la phrase ὁ διωγμὸς ὁ κατὰ Δέκιον, cf. A. Wilhelm, *Wiener Studien* 61–62 (1943–47), 175–77 (sur "Ersatz des Genitivs"), "la persécution de Dèce." Pour l'authenticité de cette datation, voir l'introduction ci-dessus (polémique contre l'opinion de H. Grégoire). Μακεδονία: on écrit à tort Μακεδόνια comme nom de femme.

2. πρὸ μιᾶς ἡμέρας, un latinisme: *pridie* avec un génitif, *pridie eius diei* (Caes., *Bell. Gall.* 1.47), par exemple. Ce latinisme était assez répandu dans le grec de l'époque impériale. Cf. Plut., *Caes.* 63, πρὸ μιᾶς ἡμέρας. Pour un parallèle précis au texte du martyre de Pionios, Plut., *Quaest. Conviv.* 8.1, 717C, πρὸ μιᾶς ἡμέρας τῶν γενεθλίων. Cf. aussi NT, Jean 12.1, πρὸ ἓξ ἡμερῶν τοῦ πάσχα.

Pour le songe prémonitoire (εἶδεν) de Pionios, voir le rapprochement avec le songe de Polycarpe: *Mart. Polycarpi* 5.2, καὶ προσευχόμενος ἐν ὀπτασίᾳ γέγονεν πρὸ τριῶν ἡμερῶν τοῦ συλληφθῆναι αὐτὸν καὶ εἶδεν τὸ προσκεφάλαιον αὐτοῦ ὑπὸ πυρὸς κατακαιόμενον. καὶ στραφεὶς εἶπεν πρὸς τοὺς σὺν αὐτῷ· Δεῖ με ζῶντα καῆναι.

3. κλωστὰς ἁλύσεις. La version latine de Ruinart rend ces mots par *frenis vincula,* mais la version latine de Lipomanus donne *catenis connexis.* La version vieux-slave traduit par *rozv'ny izvity* ("chaînes tressées"). Pour ἅλυσις comme indication de servitude, cf. Polyb., 21.3.3. Ici Pionios montre visiblement qu'il choisit la prison au sacrifice. Le mot ἅλυσις ne spécifie pas la matière de la chaîne. C'est κλωστάς qui évoque des cordes tressées (adjectif de κλώθω): Jos., *Ant. Jud.* 3.7.1, 152, ἐκ βύσσου κλωστῆς; aussi Plut., *Sol.* 12; Sept., Lev. 14.6. Pour les reliefs, notamment de Smyrne, de Milet, et de Hiérapolis, avec représentations des condamnés enchaînés par une corde passée autour de leur cou, Robert, *Hellenica* VII, 142–45 et pl. XXII.

4. L'édition *princeps* de von Gebhardt donne τοῦτο δὲ ἐποίησεν ὑπὲρ τῶν ἀπαγομένων αὐτὸν μηδὲ ὑπονοῆσαί τινας, *quod plane falsum est* (Heikel, p. 11–12). On a dans la version arménienne "Der Heilige tat dies, damit, wenn die Henker sie wegführen, niemand meine. . . ." Il est certain qu'il faut lire ὑπὲρ τοῦ ἀπαγομένων αὐτῶν μηδὲ κτλ., c'est-à-dire ὑπέρ avec l'infinitif. Le texte de Hilhorst conserve αὐτόν, et Ronchey traduit la phrase "ad uso di coloro che lo dovevano portar via." Mais il s'agit de tous les martyrs (οἱ ἀπαγόμενοι, forme passive), dont Pionios voulait signaler l'intention. La version vieux-slave dérive évidemment du texte cor-

rompu: "Il fit cela à cause de ceux qu'on emmenait (*za vedom'iya radi*)." Le mot ἀπάγειν était depuis longtemps le terme technique pour "accuser," "emmener pour être jugé": Herod., 6.72, 6.82, 9.93 (d'autres citations dans LSJ). L'usage se répand à l'époque impériale.

ὡς οἱ λοιποί établit, dès le début, la préoccupation dominante: ce sont les défaillances.

μιαροφαγεῖν: terme technique, "manger la viande sacrificielle," surtout pour montrer la fidélité à la divinité de l'empereur romain. Ce φαγεῖν (ou γεύεσθαι plus bas), c'est le centre de l'épreuve. Le mot se trouve pour la première fois dans le quatrième livre (5.27) des Machabées, à propos de la consommation de porc par les Juifs sur l'ordre d'Antiochus Épiphanès. Voir l'édition de A. Dupont-Sommer (*Le quatrième livre des Machabées* [Paris, 1939]) sur la date de ce livre. Dans la littérature chrétienne cf. Greg. Naz., *Or.* 15.16 (PG 35, 921c), οὐ μιαροφαγήσομεν, οὐκ ἐνδώσομεν.

III

1. Προσευξαμένων: dans le sens liturgique. Cf. Matt. 24.20 (προσεύχεσθε δὲ ἵνα μὴ γένηται . . .), I Cor. 14.14 (ἐὰν γὰρ προσεύχωμαι γλώσσῃ, τὸ πνεῦμά μου προσεύχεται). Le mot προσευχή veut dire précisément un lieu de prière—sanctuaire, chapelle, synagogue.

Les fidèles consomment le pain et l'eau (non le vin). Sur le pain de l'Eucharistie, transporté à la maison pour consommation, cf. O. Nussbaum, *Die Aufbewahrung der Eucharistie* (Bonn, 1979), 37–38, 214–17, 266–78, et 465 (citations énumérées par Hilhorst dans son commentaire de 1987). Il se peut que l'eau représente une alternative au vin plutôt qu'un simple remplacement. Pour l'eau dans la célébration de l'Eucharistie au lieu de vin, Clément, *Strom.* 1.19, εἰσὶ γὰρ οἳ καὶ ὕδωρ ψιλὸν εὐχαριστοῦσιν. Aussi voir les Actes de Thomas A, 120–21; Épiphane, *Haeres.* 30.16.

Polémon le néocore: personnage sans doute de la famille du grand sophiste du deuxième siècle (Philostrate, *Vitae Sophist.* I.530–44). Le néocore était le "gardien" d'un temple du culte impérial, et Smyrne avait gagné dans l'hiver 214/215 le privilège de maintenir trois temples de ce culte. La ville se vante d'être νεωκόρος trois fois (*IGR* IV.1419–21, 1424–26), et il y avait trois néocores smyrniens. Cf. Petzl, *Inschriften* II.1, p. 75. Pour la concession de la néocorie, L. Robert, *RPhil* 41 (1967), 44–64, repris dans *OMS* V, 384–404. L'empereur partageait son culte avec celui d'une divinité locale, dans ce cas-ci les deux Néméseis de Smyrne. Pour l'association de l'empereur et du dieu traditionnel, A. D. Nock, "Σύνναος θεός," *Harv. Stud.* 41 (1930), 1–62 (repris dans *Arthur Darby Nock: Essays on Religion and the Ancient World,* ed. Z. Stewart [Oxford, 1972], I, 202–51). On voit par là un aspect du rôle d'un néocore dans le culte impérial. Dans les traductions latines le néocore s'appelle *aedituus,* ce qui n'est pas tout à fait précis.

Οἱ σὺν αὐτῷ τεταγμένοι: une commission envoyée avec le néocore pour faire l'arrestation. Ces personnes sont l'hipparque et les διωγμῖται nommés plus bas, XV.1 (sur lesquels voir le commentaire).

ἀναζητεῖν, ἕλκειν, ἐπιθύειν peuvent être des termes techniques. ἐπι- dans ἐπιθύειν veut dire sacrifier *en outre* "pour honorer quelqu'un," c'est-à-dire outre les dieux traditionnels. Voir plus bas, VIII.2. Ce changement de termes de ce genre exprime l'horreur de ce moment terrible et le pseudo-légalisme de ces événements. μιαροφαγεῖν donne enfin le point de vue des chrétiens, car le terme technique des autorités païennes était γεύεσθαι.

2–3. διάταγμα (*edictum*) est l'ordre impérial: U. Wilcken, *Zeitschrift der Savigny-Stiftung* 42 (1921), 129.

Par contre Pionios parle du πρόσταγμα de Dieu, pas d'un διάταγμα. L'opposition des mots est frappante. La première version latine rend les deux mots par *praeceptum,* mais la version de Lipomanus fait une distinction claire entre *decretum imperatoris* et *mandata Dei.* Dans la littérature chrétienne πρόσταγμα est la *uox propria* pour le commandement de Dieu, e.g. Aristide, *Apoc.* 4.1, προστάγματι τοῦ ὄντως θεοῦ. Le texte de l'édit de Dèce n'existe pas, mais on dispose de *libelli* qui certifient les sacrifices et les viandes consommées comme preuves de l'apostasie selon la règle impériale: R. Andreotti, "Religione ufficiale e culto dell'imperatore nei 'libelli' di Decio," *Studi in onore di A. Calderini e R. Paribeni* I (Milan, 1956), 369–76. Ce qu'on trouve dans le *martyrium* de Pionios se conforme aux indications des *libelli* et se révèle comme rapportant une observation exacte et contemporaine.

αὐτῷ μόνῳ προσκυνεῖν: cf. Exode 20.3 sqq.; Deut. 6.13 sqq. C'est la première citation de l'Ancien Testament dans ce *martyrium.*

4. θεῷ ζῶντι, "le Dieu vivant." Ce terme, qui fait le contraste avec les idoles, ne se trouve jamais dans les sources païennes: Robert, *Hellenica*

XI-XII, 311. Cf. NT, I Thess. 1.9: ἐπεστρέψατε πρὸς τὸν Θεὸν ἀπὸ τῶν εἰδώλων δουλεύειν θεῷ ζῶντι καὶ ἀληθινῷ. Voir plus bas XX.2, et son commentaire.

    à l'Agora. On verra pourquoi plus loin (ch. VI, avec commentaire sur le Néméseion de Smyrne). Le caractère du dialogue entre Polémon et Pionios évoque une simplicité et, à la fois, une parfaite connaissance des termes techniques qui suffit à persuader de l'authenticité de ce rapport.

    5. συνέδραμεν . . . ὠθεῖν. Les réactions de la foule sont très bien observées. Un connaisseur de Pionios—un propagandiste peut-être—suscita la réaction à ce παράδοξον.

    6. *L'entrée à l'Agora de Smyrne.* La topographie évoquée dans le texte est d'une précision remarquable. Nous voyons le Portique de l'Agora avec sa διπυλίς de chaque côté et ses ὑπερῷαι στοαί, comme les fouilles les ont bien révélées: Naumann, "Die Agora." La présentation du martyre et de la topographie de l'agora dans Lane Fox, *Pagans and Christians,* 460 sqq., est fondée sur les observations de L. Robert déjà publiées, mais Lane Fox n'a pas bien compris tous les arguments, et il donne une localisation erronée de la porte qui est visible aujourd'hui. Tous les détails précieux dans le texte grec se retrouvent dans la version latine longue (celle de Lipomanus) et dans la version arménienne, mais ils manquent totalement dans la traduction vieux-slave du Codex Suprasliensis.

    Le Portique Est de l'Agora au nord a été déblayé, mais au sud il reste encore sous un bâtiment moderne. Les fouilles de l'autre côté (le Portique Ouest) révèlent exactement la forme de tout le portique de l'Agora avec ses arches souterraines et ses étages (les ὑπερῷαι στοαί): planche IV. En fait la porte ouest, vers le sud de l'Agora, est d'un caractère double (planche V—*Laodicée du Lycos: Le nymphée,* éd. J. de Gagniers et al. [Paris, 1969], pl. CXI, 1) à deux arcs à côté l'un de l'autre, et il est évident que la porte du Portique Est aurait été pareille. Cette double porte est précisément la διπυλίς du *martyrium.* En venant de la rue à l'Est on entrait dans l'Agora par ici. Parmi la foule dans l'Agora et dans les étages du portique, lorsque Pionios y entra, étaient des Juifs. C'est la première mention dans le *martyrium* des Juifs de Smyrne. La communauté juive est bien connue, comme l'on peut déduire même de la lecture du *Corpus Inscriptionum Iudaicarum* (Rome, 1936–52) de J. B. Frey—oeuvre lamentable en général. Pour un texte de Leyde, qui n'est pas repris dans le corpus de Frey, voir Robert, *Hellenica* XI-XII, 259–62: Λούκιος Λόλλιος

Ἰοῦστος γραμματεὺς τοῦ ἐν Ζμύρνῃ λαοῦ. Λαός est le peuple de Iahvé, c'est-à-dire Israël, dans les inscriptions juives. Ἰοῦστος est une traduction latine de Zadok.

Pour la discrimination faite par l'autorité païenne entre Juifs et chrétiens dans les persécutions, cf. Simon, *Verus Israël,* 135 sqq. La haine des chrétiens contre les Juifs, qui est fortement marquée dans le martyre de Pionios, se trouve aussi bien développée dans le martyre de Polycarpe du siècle avant: *Mart. Polycarpi* 12.2: ἅπαν τὸ πλῆθος ἐθνῶν τε καὶ Ἰουδαίων τῶν τὴν Σμύρναν κατοικούντων ἀκατασχέτῳ θυμῷ καὶ μεγάλῃ φωνῇ ἐπεβόα· Οὗτός ἐστιν ὁ τῆς ἀσεβείας διδάσκαλος—ὁ πατὴρ τῶν Χριστιανῶν—ὁ τῶν ἡμετέρων θεῶν καθαιρέτης—ὁ πολλοὺς διδάσκων μὴ θύειν μηδὲ προσκυνεῖν. (Pour ὁ τῆς ἀσεβείας διδάσκαλος, voir plus bas sur XIX.7.) Cf. 13.1 sur la construction du bûcher sur lequel Polycarpe était destiné à être brûlé: μάλιστα Ἰουδαίων προθύμως ὡς ἔθος αὐτοῖς εἰς ταῦτα ὑπουργούντων.

7. βάθρα et κιβώτια: marches et coffres, pour donner une meilleure vue aux gens curieux. Les coffres dans ce contexte évoquent un sens commercial et réflètent l'activité commerciale de l'Agora. Cf. plus loin les ἀγοραῖοι (V.2, VI.1). Une inscription de l'Agora smyrnienne (Petzl, *Inschriften,* no. 719), toute fragmentaire qu'elle soit, mentionne toute une série de corporations de marchands—par exemple, les γρυτοπῶλαι (brocanteurs), qui sont également nommés parmi les marchands et artisans juifs à Aphrodisias dans la grande inscription publiée par J. Reynolds et R. Tannenbaum, *Jews and Godfearers at Aphrodisias* (Cambridge, 1987), p. 117 (face b, l. 28 de la pierre).

IV

1. On voit de nouveau dans les paroles de Polémon le caractère simple et technique des dialogues des *martyria* authentiques: les mots πείθεσθαι, πειθαρχῆσαι, κολάζεσθαι, ἐπιθύειν rappelle le dialogue antérieur dans chapitre III. Cf. Mart. Apollonii 3: Μετανόησον, πεισθείς μοι, Ἀπολλώ, καὶ ὄμοσον τὴν τύχην τοῦ κυρίου ἡμῶν Κομόδου τοῦ αὐτοκράτορος.

καθὰ καὶ πάντες. Le contexte moral des *lapsi* revient aussitôt et montre l'arme psychologique très forte du pouvoir impérial: tu es seul, tous l'ont fait, tous tes amis—quel serait dès lors le profit de ton sacrifice et de ta sottise?

2. ἐκτείνας οὖν τὴν χεῖρα . . . ἀπελογήσατο: cf. Actes des Apôtres 26.1, ὁ Παῦλος ἐκτείνας τὴν χεῖρα ἀπελογεῖτο. Les dictionnaires sont insuffisants sur le développement du verbe ἀπολογεῖσθαι dans le sens de "rendre compte." Les textes du Vᵉ et IVᵉ siècle av. J.-C. montrent un usage juridique ("parler en défense"), LSJ s.v. Mais le sens hellénistique est plutôt de faire un exposé, surtout dans le contexte d'une ambassade: par exemple, *SEG* II.511 (Inscrip. Cret. III.4, no. 10), l.17, ἀπολογήσασθαι à propos de πρεσβευταί, l.18. Voir aussi L. Robert, *Nouvelles inscriptions de Sardes* (Paris, 1964), p. 20, n. 1. Dans les textes martyrologiques le mot signifie une présentation détaillée et pieuse de soi-même. Il n'indique point la position du défendant ou du suppliant. Cf. *Mart. Polycarpi* 10.2: ἐκείνους (la foule) δὲ οὐχ ἡγοῦμαι ἀξίους τοῦ ἀπολογεῖσθαι αὐτοῖς.

φαιδρῷ τῷ προσώπῳ. Pour le visage radieux comme thème dans les martyres, voir Robert, *Hellenica* II, 140, citant Eusèbe sur Porphyre, *Martyrs de Palestine* XI, 19, φαιδρὸν δὲ τὸ πρόσωπον, dans une attitude comparée à celle d'un vainqueur aux grands concours au moment de sa victoire.

Le discours de Pionios

καυχᾶσθαι contribue à l'habileté de l'exorde, en évoquant la fierté des Smyrniens (le verbe a un sens très fort). La culture de Pionios et sa connaissance de la psychologie de la foule se montrent bien dans le thème qui introduit son discours. Il fait appel à l'esprit civique de ses auditeurs. Comme le visage radieux, la vanterie appartient au monde des athlètes (ou gladiateurs) qui triomphent: L. Robert, *Les gladiateurs dans l'orient grec* (Paris, 1940), 303 et 305 (exemples de καυχᾶσθαι).

ἐπὶ τῷ κάλλει Σμύρνης. La beauté de Smyrne est un thème important des inscriptions et des monnaies de Smyrne, thème qui distingue cette ville de toutes autres de l'Asie. Voir les pages de l'introduction (p. 4–5) sur la concurrence des très grandes villes, parmi lesquelles Smyrne ne peut prétendre être la première, sauf dans la catégorie de beauté et de grandeur (voir Cadoux, *Ancient Smyrna*, 171–74). Dans la titulature de la ville, πρώτη τῆς Ἀσίας κάλλει καὶ μεγέθει: Petzl, *Inschriften*, no. 603, 637, 640, 665, 666, 667. Sur les villes rivales et leur vanterie, L. Robert, "La titulature de Nicée et de Nicomédie: la gloire et la haine," *Harv. Stud.* 81 (1977), 1–39 (*OMS* VI, 211–49), et *À travers l'Asie Mineure*, 423–24: "Κάλλος καὶ μέγεθος sont des thèmes obligatoires et obsédants dans la

littérature d'éloge" (avec une discussion approfondie de textes divers—
d'Aelius Aristide, de Libanius, d'Himérius, et d'autres). Il est à remarquer
que Tarse et Anazarbe en Cilicie rivalisent dans leurs titres: πρώτη καὶ
μεγίστη καὶ καλλίστη. On peut comprendre les lettres AMK sur les monnaies de ces villes comme A (= πρώτη), M(εγίστη), K(αλλίστη): Robert,
loc. cit.

Homère et le fleuve Mélès: cf. Ps.-Plut., *de Vita Hom.* I.2, 4, II.2 (le
grand poète, gloire nationale, comme fils de Mélès). Le fleuve était tout
près de Smyrne, qui était parmi les villes citées comme la ville natale
d'Homère. Pour une liste de sept de ces villes cf. *Anth. Pal.* XVI.298. Pour
exprimer la louange fière et solennelle des Smyrniens à propos d'Homère,
Pionios emploie le mot σεμνυνόμενοι. Mais avec la parenthèse ὥς φατε il
fait allusion aux controverses sur la ville natale d'Homère et le caractère
essentiellement païen des commémorations, par exemple dans les monnaies "homériques": Robert, *Ét. anat.,* 265 (monnaies d'Amastris). Il est
à remarquer qu'un des types de ces monnaies est un dieu-fleuve avec la
légende Mélès. Voir le traitement de ce sujet dans Robert, *À travers l'Asie
Mineure,* 416–17. À Smyrne elle-même il y avait des monnaies homériques et aussi de Mélès: Klose, *Münzprägung,* 35, 82, monnaies à
l'image d'Homère datant du IIe et IIIe siècle; et 37, 81, monnaies de Mélès
de la même époque. Pour la signification de ces monnaies pour la datation
de ce martyre, voir l'introduction ci-dessus.

οἵτινες ἐν ὑμῖν Ἰουδαίων συμπάρεισιν. Pionios reconnaît aussitôt
l'importance des Juifs comme la deuxième partie de la communauté smyrnienne.

3. Dès le début, encore le problème des *lapsi.* αὐτομολεῖν est l'une
des métaphores pour exprimer l'apostasie (p. ex., I *Ép. Clém.* 21.4, 28.2)
dans le cadre militaire de la *militia Christi.* Cf. le commentaire de Hilhorst, p. 456. ἀστόχημα présente une autre métaphore de déviation,
comme le latin *error: PapBodmer* X–XII (1959), Actes de Paul et des
Corinthiens 2.2, ἐν πολλοῖς ὢν ἀστοχήμασι. Cf. Plut., *de Curios.* 520B.

4. La citation d'Homère: *Odyssée* 22.412, οὐχ ὁσίη κταμένοισιν ἐπ'
ἀνδράσιν εὐχετάασθαι. Ce vers était devenu presque proverbial selon
Hilhorst, p. 456–57, avec références païennes et chrétiennes. Mais c'est
à propos que l'utilise Pionios, parlant à des gens qui croient être de la
ville d'Homère.

5–6. Aux Juifs Pionios invoque Moïse et Salomon: la citation de Moïse montre une confusion de deux versets des Septante—Exode 23.5 et Deut. 22.4. La citation de Salomon vient des Proverbes (24.17). On voit la culture de Pionios dans la Smyrne du IIIᵉ siècle, ville païenne et juive, en invoquant comme maîtres (διδάσκαλοι) de sagesse, Homère, Moïse et Salomon.

7. Pionios maintient sa fidélité à son propre maître (διδάσκαλος): vous avez vos maîtres à vous, moi je suis fidèle au mien—et je reste fidèle à mon enseignement. Le mot convient bien ici: les maîtres de chaque groupe sont Homère, Moïse et Salomon, et le Christ. On voit le rôle des διδάσκαλοι dans une ville de maîtres et de dieux, où les écoles de rhéteurs avaient une telle importance (surtout dans la seconde sophistique, cf. Philostrate, *Vitae Sophist.*, et G. W. Bowersock, *Greek Sophists in the Roman Empire* [Oxford, 1969]).

8. De nouveau l'hostilité entre Juifs et chrétiens: les Juifs se gaussent ἀσυμπαθῶς, "sans pitié." Cf. plus bas, pour le thème de pitié, XVI.6, τὸ ὁμοιοπαθὲς ἐπίγνωτε.

9. ἔχομεν. Heikel suggéra ἔσχομεν, sur la base du texte arménien: *Aber sie sagen, daß wir Zeit zur Willkür bekommen haben.*

10. τὰ ἑκούσια / ἀκούσια ἁμαρτήματα. Pour les auditeurs chrétiens le texte de base est Hébr. 10.26, ἑκουσίως γὰρ ἁμαρτανόντων ἡμῶν μετὰ τὸ λαβεῖν τὴν ἐπίγνωσιν τῆς ἀληθείας κτλ. Mais ces mots évoquent à la fois toute une série de réflexions sur ce problème dans les textes philosophiques et dramatiques des païens: par exemple, Arist., *Eth. Nic.* III, 1109b, 35–36, δοκεῖ δὴ ἀκούσια εἶναι τὰ βίᾳ ἢ δι᾿ ἄγνοιαν γινόμενα; Soph., *Oed. Tyr.* 1229–30, κακὰ ἑκόντα κοὐκ ἀκόντα. Encore une fois la culture, l'érudition, et l'habileté de Pionios illuminent son discours adressé à la foule. Cf. plus bas XIII.1, XIV.5.

11. Βεελφεγώρ: Ps. 106.28 (manger les sacrifices pour les morts), cf. Jos. 22.17.
Forniquer avec les filles des gentils: Num. 25.1; Ps. 105.37 sq.; Ez. 16.27 sqq., 23.39; Jér. 7.31.
Brûler pour les idoles leurs fils et leurs filles: Num. 14.27, 21.5, 16.3; Ez. 15.24, 16.25.
Parler contre Moïse: Exode 6.2–3.

εὐεργετουμένους: von Gebhardt changea en εὐεργετουμένοις, sans raison.

Aaron et le veau d'or: Exode 32.1 sqq.; Ps. 105.19. Cf. Actes des Apôtres 7.41.

12. ὑμᾶς γὰρ δύνανται πλανᾶν: cf. Heikel, p. 12, la phrase "non recte se habet." Il cite la version arménienne, "Sie können auch euch mit falschen Reden in die Irre treiben," et constate que *negatione opus est*. Mais on a en vieux-slave, "Car vous, ils peuvent vous tromper," et le latin de Lipomanus, "Vos enim possunt decipere."

13. μήτε βιασθέντες: μηδέ Schwartz.

14. ἅλωνι: allusion à Matt. 3.12.

ἐν τῷ πτύῳ. Le sens de ἐν, "par le moyen de," sens instrumental, se retrouve dans ce martyre assez souvent: voir plus bas pp. 61, 87, 103. L'usage appartient déjà à la langue classique: LSJ s.v. Cf. aussi Bauer[6], 525 (III.1), qui propose une assimilation à la préposition B sémitique.

15. σαγήνην: allusion à Matt. 13.47 sq.

16. εἰ γὰρ ὁ δίκαιος κτλ.: citation précise (γάρ à part) de I Pétr. 4.18.

17–20. Ces lignes jouent un rôle essentiel dans l'argumentation de Pionios: c'est l'articulation entre les deux parties, l'une sur les torts des Juifs et le jugement imminent, l'autre sur les preuves de ce jugement par le feu (surtout à Sodome et Gomorrhe, cf. Genèse 19). Du jugement dont Pionios parle dans le §17 la preuve est ἡ ἐκ τοῦ θεοῦ γενομένη ὀργή. Sur la tournure ἐκ . . . γενομένη, voir A. Wilhelm, *Wiener Studien* 61–62 (1943–47), 174. Cf. l'inscription gréco-juive d'Akmoneia dans *MAMA* VI.325 (ἡ Θεοῦ ὀργή) et la discussion de Robert dans *Hellenica* XI–XII, 407.

ἐγὼ μὲν καὶ ἀποδημήσας. Pour le pèlerinage en Terre Sainte, voir en dernier lieu E. D. Hunt, *Holy Land Pilgrimage in the Later Roman Empire* (Oxford, 1982), surtout p. 101 sur Pionios, et p. 99–100 sur l'importance de l'autopsie (εἶδον) dans les témoignages des pèlerins. Aussi Grég. Nyss., *Epist.* II (PG 46, 1009–16) contre les dommages causés aux *loca sancta* pendant les pèlerinages.

La Mer Morte, Ἀσφαλτῖτις λίμνη (*lacus Asphaltitis*) dans la plupart des textes païens, bien connue pour sa capacité de soutenir le corps d'un homme (*RE* II 2.1729–30), est rappelée ici à cause de la proximité de

Sodome et Gomorrhe. La formulation Θάλασσα ἡ Νεκρά se trouve chez Pausanias (V.7.4); cf. *mare mortuum* dans Iustin. 36.3. Voir F. M. Abel, "Notes complémentaires sur la Mer Morte," *Revue biblique* 38 (1929), 237–60.

21. Lydie κεκαυμένη πυρί: l'expression tient de très près à un nom officiel, c'est-à-dire Λυδία κατακεκαυμένη. Pour une discussion détaillée de la région, avec présentation de ce texte du martyre, voir Robert, *Villes d'Asie Mineure*, 287 sqq. Cf. Strabon 13.4.11, p. 628, ἡ Κατακεκαυμένη λεγομένη χώρα. C'est une région volcanique, où, selon l'interprétation antique, Zeus lança sa foudre contre le monstre Typhon. Cf. Apollod. 1.41–44 et Nonnos, *Dionys.* 1.154 sqq. L'interprétation de Pionios— châtiment des impies à l'imitation de la Terre Sainte—est entièrement chrétienne. Une telle interprétation ne semble pas se retrouver dans d'autres textes chrétiens.

Décapole: région de dix villes. Il n'y a pas d'attestation d'une Décapole de Lydie sauf dans le *martyrium* de Pionios et ses traductions. Par exemple, dans la version latine de Lipomanus: *Vos Decapolim, Lydiae regionem, igne combustam uidetis;* le vieux-slave, "la terre de Lydie [et] de Décapole brûlée par le feu" (Vaillant). La Décapole de Lydie est en effet inconnue ailleurs, malgré l'abondance des renseignements sur la Lydie. Les villes de la région ne sont pas dix, même pas en groupe. La syntaxe de la phrase Λυδίας γῆν Δεκαπόλεως est surprenante. Nous avons peut-être un corps étranger, et je pense que c'est une glose introduite dans le texte par souvenir de la Décapole d'outre-Jourdain, très bien connue dans l'Évangile. La mention du Jourdain et de la Mer Morte aurait pu susciter le souvenir de la Décapole. La suite aussi, de Αἴτνης à πῦρ a le caractère d'un corps étranger: πῦρ se rapporte à quoi? à ὁρᾶτε? Mais il n'y a pas de copule (cf. *item* dans la version latine de Lipomanus).

ῥοιβδούμενον πῦρ. Le texte de von Gebhardt montre ῥοιγδούμενον, corrigé par Schwartz en ἀναρριπτούμενον, qui donne le sens, mais avec quelle violence! Je propose une forme très proche, ῥοιβδούμενον, qui s'applique aux volcans (LSJ, s.v. II.2). La version latine de Lipomanus n'a que le mot *incendium* (πῦρ), mais le vieux-slave montre "le feu en sortant" (*isxoda ot' nego ogn'*), qui rend exactement ῥοιβδούμενον πῦρ.

Après Λυκίας dans le texte de von Gebhardt se lit καὶ τῶν νήσων, mots que j'ai éliminés comme glose. Ces νῆσοι ne seraient pas compréhensibles à Smyrne, même si l'on accepte la lecture de Schwartz τῶν νήσων τῶν Λιπαραίων. Cela donnerait du sens dans le contexte de l'Etna. Mais il faut dire que la conjonction Αἴτνης καὶ Σικελίας fait déjà une tautologie. De plus, καὶ προσέτι Λυκίας avant "les Iles" rend ces derniers mots peu compréhensibles: la phrase a aussi un caractère d'interpolation. C'est une glose dans une glose! L'allusion est évidente quand même—à la Chimère mythologique (plusieurs fois alléguée par des auteurs chrétiens), que les voyageurs anciens et modernes pouvaient voir de la mer sous forme de feu perpétuel sortant de la montagne qui se trouve tout près de la ville d'Olympos de Lycie. La référence ici ne peut être à autre chose. Voir par exemple Charles Fellows, *Travels and Researches in Asia Minor, More Particularly in the Province of Lycia* (London, 1852), 372. Sur ces problèmes de texte et de géographie, Robert, *Villes d'Asie Mineure*, 291 n. 2. On explique la logique de l'argument de Pionios: "La Mer Morte, c'est loin; mais vous avez près de vous la Katakékaumenè; si cela même est trop loin (mots absurdes si on était passé à la Lycie et à la Sicile), voyez les sources chaudes," et cela est une allusion précise aux sources thermales des Bains d'Agamemnon, à 10 kilomètres à l'ouest de Smyrne. Les traductions prouvent que les gloses dans le texte grec y entrèrent avant l'archétype de tous les textes disponibles aux traducteurs.

22. Les sources thermales, c'est-à-dire les Bains d'Agamemnon (voir la citation ci-dessus de *Villes d'Asie Mineure*). Sur les Bains, Cadoux, *Ancient Smyrna*, 17, avec une riche documentation dans n. 1.

ἐν ὑπογαίῳ πυρί: encore une fois, ἐν qui exprime l'instrument, "par." Voir le commentaire ci-dessus sur IV.14.

23. Pour le rapprochement fréquent de Deucalion et Noè dans les auteurs chrétiens, voir A. Hermann, *RAC* III, 790–94. Noè était connu des païens par les Juifs: voir les monnaies d'Apamée avec le coffre de Noè et la discussion d'André Grabar, *Christian Iconography* (Princeton, N.J., 1968), 24–25, et fig. 48.

ἐκπύρωσις: le mot précis pour l'embrasement final, dans les auteurs païens et chrétiens (Lampe, s.v. I.A, B). Cf. plus bas IV.24, περὶ τῆς μελλούσης διὰ πυρὸς γίγνεσθαι κρίσεως.

ἐξυδάτωσις: mot assez rare, mais dans Origène, *Cels.* I.20 pour le déluge.

24. διὰ τοῦτο. Pionios en vient à la conclusion, en rejetant les dieux païens (οἱ λεγόμενοι θεοὶ ὑμῶν), surtout les empereurs-dieux. οὐ λατρεύ-

ομεν se rapporte au culte païen en général. Mais τῇ εἰκόνι τῇ χρυσῇ οὐ προσκυνοῦμεν fait allusion au culte impérial avec ses images en métaux précieux: L. Robert, *REA* 62 (1960), 319 n. 1 (*OMS* II, 835), où ces mots sont analysés. Il y a beaucoup plus d'importance dans la conclusion du discours de Pionios qu'une simple allusion, toujours citée, à Dan. 3.18. Pionios applique le texte de Daniel exactement à l'image impériale—un buste en or ou doré. Car c'est à l'image de l'empereur, à côté des autres dieux, que les chrétiens doivent sacrifier.

L'ensemble du discours

Dans ce beau discours d'un homme cultivé (Pionios l'était) il n'y a rien, je le répète, qui indique une école ou un écrivain d'une époque postérieure. Le discours est adapté aux circonstances locales et contemporaines, et il sort de ces circonstances. On voit Pionios lui-même et l'on comprend son caractère—cultivé, direct, prêtre, et orateur, homme d'action et de propagande. L'abondance des citations de l'Ancien Testament convient parfaitement à une situation marquée par les Juifs de Smyrne, ici sur l'Agora et dans la vie de Smyrne. Pionios parle leur propre langage—Moïse, Salomon, et d'après leurs propres croyances ils doivent comprendre ceux qui refusent de sacrifier. Même dans sa phrase finale Pionios fait allusion encore une fois à l'Ancien Testament.

V

1. Malgré le thème de la longueur du discours et les formules traditionnelles (τούτων δὲ καὶ ἄλλων πολλῶν λεχθέντων), je n'élève aucune suspicion contre la véracité du récit: ce récit qui va se poursuivre par la succession d'une infinité de détails tous criants de vérité. Ces chapitres V–X fixent avec une précision et une variété admirables les mille aspects de ces scènes multiples. Pour les fabricants de récits de martyres tous ces thèmes seront à développer par convenance lorsqu'on raconte un fait qui s'est produit souvent. Mais la répétition d'un fait ne fait pas douter de son authenticité. En ces matières de martyres, peu de situations sont entièrement originales. Ici tout est naturel: ces Smyrniens du IIIᵉ siècle ne sont pas des brutes, ils avaient de l'éloquence. Pionios sait parler: débuter par un exorde, raisonner, frapper. Il est estimé, il est aimé. On ne souhaite point sa mort. Le néocore Polémon qui, en cette affaire, est le chef, désire le fléchir et non pas avoir à le faire condamner.

2. Pionios répète la conclusion, qui est le refus et qui le mènera à la mort. Cf. le commentaire à la fin du chapitre IV. Aussitôt on cherche à le fléchir.

εἰς τὸ ὕπαιθρον εἰς τὸ μέσον: τὸ ὕπαιθρον, expliqué par τὸ μέσον, est un terme technique pour la *place* de l'Agora. Ils étaient sous un portail, et maintenant ils passent dans *l'open enclosure* qui est strictement l'Agora.

τινες τῶν ἀγοραίων: ἀγοραῖοι ne veut point dire "advocates" (Musurillo dans sa traduction lamentable). Par contre, Ronchey et Hilhorst, "facciendiere di piazza." La version latine de Lipomanus donne *forenses,* et le texte vieux-slave "quelques-uns de l'assemblée" (Vaillant): c'est-à-dire: gens de l'Agora. Cf. NT, Actes 17.5, τῶν ἀγοραίων ἄνδρας τινάς. Parmi les gens de l'Agora il y avait beaucoup de marchands et de commerçants: voir ci-dessus, et la liste de ces personnes dans l'inscription de Smyrne (Petzl, *Inschriften,* no. 719). Mais il faut dire que l'expression ἀγοραῖοι est plus générale—la foule, les habitués de l'Agora—et ne désigne pas seulement les marchands de métiers divers.

ἐκλιπαροῦντες. Le mot signale l'effort des compatriotes de Pionios, qui l'estiment et qui veulent l'aider et le sauver.

3. πείσθητι ἡμῖν: *nobis obtempera* (la version latine de Lipomanus). Dans la traduction du vieux-slave par A. Vaillant: "Laisse-toi convaincre pour nous."

ὅτι σε φιλοῦμεν: la phrase est touchante.

ἤθους τε ἕνεκα καὶ ἐπιεικείας. On croit lire la formule dédicatoire d'une inscription honorifique indiquant pourquoi un tel est *digne* (ἄξιος) de se voir élever sa statue. Cf. *OGIS* 498 (ἠθῶν ἕνεκα) et plus bas sur ἐπιεικεία. De telles formules sont typiques de l'époque impériale. Elles montrent l'idéal de la vie civique et les changements de cet idéal. Ici on relève les qualités personnelles, et non civiques. Il ne s'agit pas de services civiques, comme pour les évergètes et les sophistes auparavant. C'est ce qu'il y a de tardif dans ces mots qui réflète la chronologie du texte.

ἐπιεικεία. Pour l'histoire du mot et la notion de gentillesse chez les moralistes, les historiens, et les orateurs, voir J. de Romilly, *La douceur dans la pensée grecque* (Paris, 1979), ch. 3, "Un mot qui s'ouvre à la douceur: épieikès." Pour les inscriptions de l'époque impériale et la relation à πραότης, Robert, *Hellenica* IV, 15 sqq., XIII, 223 sq.; *Bull. épig.*

1969, 551 (ἐπιεικὴς καὶ μέτριος). Le mot devient de plus en plus semblable à δίκαιος (*aequus*), mais cf. *Bull. épig.* 1973, 61 ("le mot [ἐπιεικεία] ne correspond pas absolument à l'*aequitas* latine"), et la discussion de J. Triantaphylopoulos sur ἐπιεικεία, ἐπιεικές dans le contexte de la *Rechtsphilosophie*: Ξένιον, *Festschrift für Pan.J. Zepos* I (Athens-Freiburg im Br.-Köln, 1973), 647–92. Le sens est plutôt celui de l'anglais *fair.* Voir Bauer[6], 592–93; aussi l'inscription tout récemment publiée dans *MAMA* IX. C 24, κοσμίως καὶ ἐπιεικῶς et les observations de Bowersock, *JRS* 81 (1991), 224.

τὸ φῶς τοῦτο: "voir la lumière," être parmi les vivants. C'est une métaphore bien connue dans la littérature grecque depuis Homère (e.g. *Il.* 18.61, ὄφρα δέ μοι ζώει καὶ ὁρᾷ φάος ἠελίοιο), et surtout à travers la littérature des épigrammes funéraires (c'est elle qui est ici au fond de toile). Le τοῦτο indique que les interlocuteurs savent déjà la réponse de Pionios sur la lumière.

4. κἀγὼ λέγω ὅτε καλόν ἐστι τὸ ζῆν: rien d'un désespéré, d'un dégoût de la vie, d'un mépris de la vie. Pour un exemple d'un chrétien (à Euméneia) qui proclame, à la même époque, "jouissez donc de la vie," Robert, *Hellenica* XI–XII, 415 (*IGR* IV.743): τὴν ψυχὴν εὐφραίνετε πάντοτε, θνητοί, / ὡς ἡδὺς βίοτος, et voir la discussion du thème de "l'épicurisme" dans les textes chrétiens, op. cit. 427.

τὸ φῶς ἀληθινόν: c'est le Christ. Voir Lampe, s.v. II.B. Pour ἀληθινός dans la chrétienté, Lampe s.v., B ("real, genuine"), "qui n'est pas faux ou simplement une apparence." Les néo-platoniciens de la même époque utilisaient ce mot de la même façon pour les objets "réels," qui ne sont pas εἴδωλα: Plotin, *Enn.* II.4,5 (καὶ ἡ μορφὴ δὲ εἴδωλον . . . Ἐκεῖ δὲ ἡ μορφὴ ἀληθινόν), II.9,12; voir aussi V.5,1 (τὸ τοινῦν ἀληθινὸν οὐκ ἔχων, εἴδωλα δὲ τοῦ ἀληθοῦς . . .).

5. θανατῶντες: θανατιάω, "désirer la mort," mot rare, mais employé par Lucien dans son récit sur la vie de Pérégrinos, ch. 32, au moment de son suicide sur le bûcher à Olympie: θανατιῶντι σοφιστῇ τὸν ἐπιτάφιον ἑαυτοῦ πρὸ τελευτῆς διεξόντι. Le sophiste prononça un discours juste avant la mort qu'il désirait. C'est l'inverse de la situation de Pionios. Dans les textes chrétiens θανατάω est plus normal (Lampe s.v.).

ἐνεδρευόντων. Pour la métaphore du piège, voir les références alléguées par Lampe s.v. 2.

VI

1. Alexandros, un homme de la foule de l'Agora (ἀγοραῖος) et sans doute un commerçant: la traduction "lawyer" (Musurillo) est une absurdité. Cet homme est cité par son nom, comme le sera plus tard le rhéteur Rufinus. C'était un petit monde, où on se connaît beaucoup. La πονηρία d'Alexandros se manifeste par ἄκουσον: il n'utilise pas l'expression plus courtoise et officielle, πείσθητι. Ainsi l'énergique Pionios, le bouillant Pionios le rembarre aussitôt avec violence pour ce simple mot, ἄκουσον: "Toi, mets-toi à m'écouter." L'avalanche de pronoms—σύ . . . παρ᾽ ἐμοῦ . . . σύ . . . ἐγώ . . . σύ—reflète un style vif et populaire. On entend le mépris du ἐπιλαβοῦ, et le jeu des mots οἶδα–ἐπίσταμαι–ἀγνοεῖς. Οἶδα implique une connaissance banale, mais Pionios a une ἐπιστήμη, un savoir philosophique et profond. Alexandros n'y connaît rien, n'en a pas idée. C'est son ἄγνοια.

2. καταγελᾶν . . . εἰρωνείᾳ. Alexandros essaie de se moquer de Pionios, en parlant avec ironie, avec une prétention de ne pas avoir compris. C'est l'ironie avec laquelle les soldats se moquèrent du Christ: cf. J. Chrysos., *Hom.* 83.5 et 84.3 (PG 8, 4960 et 5010).

ταῦτα δέ: les chaînes.

3. La réponse de Pionios reprend le chapitre II.4, avec les mêmes termes: ὑπονοεῖν, μιαροφαγεῖν.

εἰς τὸ Νεμεσεῖον: pour sacrifier. Le Néméseion, sanctuaire des deux Néméseis, déesses tutélaires de Smyrne, dont le culte était conjoint avec le culte des empereurs. C'était la scène des sacrifices des apostats et l'endroit que Pionios était décidé à éviter. La localisation du Néméseion à côté de l'Agora est évidente dans le récit du martyre de Pionios, et L. Robert établit que c'était précisément sur le côté sud de l'Agora, sur le flanc de Mt. Pagos que se trouvait le sanctuaire (voir l'introduction, ci-dessus). De là viennent les trois dédicaces à ces deux Néméseis trouvées dans la fouille: Petzl, *Inschriften*, no. 628, no. 740, no. 741. Dans le sanctuaire il y avait la source dont parle Pausanias (VII.5.2) en racontant le songe dans lequel les Néméseis inspirèrent à Alexandre le Grand l'idée de fonder la nouvelle ville de Smyrne: Cadoux, *Ancient Smyrna*, 95. Pour les monnaies impériales qui rappellent cette fondation, voir Klose, *Münzprägung*, p. 29 et p. 36, avec la représentation d'Alexandre et les deux Néméseis. Cf. planche VII. Pour d'autres monnaies smyrniennes avec l'image des Néméseis, voir Klose, 28–30. Il y a un cistophore d'Hadrien—exemplaire unique au British Museum—avec l'image du Néméseion lui-même: un temple à quatre colonnes, à trois marches, au milieu duquel se tiennent debout les deux déesses: W. E. Metcalf, *The Cistophori of Hadrian* (New York, 1980), no. 115, p. 31 (avec pl. 8, no. 115), aussi dans *British Museum Coins of the Roman Empire* 1083, pl. 74, 7. Cf. planche VIII.

L'eau de la source s'écoule aujourd'hui, et le visiteur du site de l'Agora peut l'entendre au-dessous du portique.

βίᾳ ἡμᾶς συναρπάσαντες: relève le fait qu'on force à sacrifier.

εἰσαγάγετε. C'est la lecture du manuscrit de Venise, mais von Gebhardt voulait lire εἰσηγάγετε, une conjecture que je ne comprends pas. La forme sert d'indicatif futur: cf. L. Radermacher, *Neutestamentliche Grammatik*[2] (Tübingen, 1925), 93 n. 1.

εἰδωλεῖα: cf. IV.24 et son commentaire ci-dessus. Sur εἴδωλον, εἰδωλεῖον dans l'usage de Plotin pour indiquer les objets qui ne sont pas réels (ἀληθινόν), il faut consulter les citations présentées ci-dessus dans le commentaire sur V.4.

4. ἐφιμώθη. Le verbe φιμοῦν, φιμοῦσθαι est très expressif et typique des Sept. et du NT. Voir les exemples en grand nombre dans Hatch-Redpath et Bauer[6], s.v. Il n'y a aucune attestation entre Aristoph. (*Nub.* 592) et les Sept. C'était un mot vulgaire et peu littéraire, utilisé aussi dans les imprécations (E. Rohde, *Psyche*[2] [Tübingen, 1898], 424). On se demande si les exemples de ce verbe chez Lucien, *Peregr.* 15, et Sex. Empir., *Adv. math.* 8.275, reflètent l'influence des textes chrétiens.

Après cet intermède du méchant homme il y a des efforts des assistants sympathiques, et même amis, encore pour sauver Pionios. Le οὕτω κεκρίκαμεν de Pionios montre sa fermeté apodictique.

περὶ τῶν μελλόντων: naturellement pas prédiction sur l'avenir. τὸ μέλλον / τὰ μέλλοντα sont ἡ μέλλουσα κρίσις: Robert, *Hellenica* III, 98, n. 6, et XI–XII, 406–7.

VII

1. ἐκκλησίαν ποιεῖν. Cette fois l'expression veut dire "faire une assemblée régulière," qui aurait lieu dans le théâtre, siège normal: cf. Cadoux, *Ancient Smyrna*, 178–80, sur l'emplacement du théâtre à Smyrne

au-dessous de l'Acropole au nord-ouest. Cf. aussi O. Berg et O. Walter, "Das römische Theater in Smyrna," *Athenische Mitteilungen des Deutschen Archäologischen Instituts* 47 (1922), 8–24. Pour le chemin de l'Agora au théâtre, voir le plan. L'agora était à mi-chemin entre le port intérieur et le théâtre.

κηδόμενοι τοῦ στρατηγοῦ. Voir Cadoux, *Ancient Smyrna*, 194–95, sur la pluralité des stratèges de Smyrne. À l'époque impériale le stratège nommé le plus souvent est le στρατηγὸς ἐπὶ τῶν ὅπλων: Petzl, *Inschriften*, no. 634, 8; 641, 4; 644, 9–10; 645, 6–8; 721, 4–5; 770, 2–3; 771, 3–4. Sur les monnaies de Smyrne se trouve, avec le nom, la légende (naturellement abrégée) στρατηγοῦντος à partir du règne de Septime Sévère: Klose, *Münzprägung*, 65–66. Il ne s'agit pas nécessairement d'un magistrat éponyme. À l'époque du sophiste Polémon, selon Philostrate (*Vitae Sophist.* II, p. 613), les Smyrniens désignaient chaque année par le stéphanéphore. Fort probablement le στρατηγός des monnaies et de ce chapitre du martyre de Pionios est le στρατηγὸς ἐπὶ τῶν ὅπλων. C. P. Jones reprend ce problème et parvient à la même conclusion dans son article, "Heracles at Smyrna," *American Journal of Numismatics* 2 (1990), 72.

περὶ τοῦ ἄρτου: *locus conclamatus*. Von Gebhardt trouva la lecture de son manuscrit de Venise incompréhensible et proposa περὶ τοῦ ἀνθρώπου (suivi par Musurillo). La version latine de Lipomanus nous offre *ne tumultus fieret et panis flagitaretur,* mais la version vieux-slave indique "qu'il n'y ait pas tumulte et enquête à son sujet (*o nem'*)." Cette traduction implique, sinon περὶ τοῦ ἀνθρώπου, plutôt περὶ αὐτοῦ. Le mot ἐπιζήτησις serait l'expression précise et technique pour une enquête en matière de religion (*LSJ* s.v. 2). Mais il se peut que l'allusion soit vraiment faite à la distribution de pain: il y avait de grands troubles à Athènes "pour le pain," surtout quand le sophiste Lollianus était στρατηγὸς ἐπὶ τῶν ὅπλων (Philostrate, *Vitae Sophist.* I, p. 526): le stratège à Athènes τροφῶν ἐπιμελεῖται καὶ σίτου ἀγορᾶς. Philostrate indique les troubles par les mots θόρυβος . . . παρὰ τὰ ἀρτοπώλια. Dans l'article cité ci-dessus, C. P. Jones accepte la lecture τοῦ ἄρτου et rapproche le chapitre X.7–8 de ce martyre (une famine assez récente impliquée par une interpellation à Pionios, καὶ σὺ σὺν ἡμῖν ἐπείνασας). Le texte du ch. VII indique en tout cas que le stratège préside l'assemblée de Smyrne à cette époque.

Le Néméseion: voir ci-dessus VI.3 avec son commentaire.

2–3. La réponse de Pionios montre rigueur et vigueur, logique et polémique. Le sous-entendu de sa réponse est: à quoi bon? C'est-à-dire: "Je
n'y sacrifierai pas. Elles n'en auront rien—ces idoles que vous croyez vi-
vantes." Mais la prière insistante se répète encore, Πείσθητι ἡμῖν, Πιόνιε.
Le pasteur Pionios prononce en réponse un souhait irréalisable, Εἴθε ἠδυνάμην ἐγὼ ὑμᾶς πεῖσαι Χριστιανοὺς γενέσθαι.

4. La réaction vient tout de suite: "Nous, nous pouvons persuader
par la menace de vous brûler vifs: toi, tu ne disposes pas de cette menace."
Encore une réaction originale, prise sur le vif: Pionios parle du feu éternel
dans l'au-delà (voir aussi la fin de son discours, IV.24). Sur le feu du supplice et le feu éternel, Bauer⁶, 1460–61. Par exemple: Matt. 13.42, 50, ἡ
κάμινος τοῦ πυρός, et Matt. 3.12, Mar. 9.43, 45 sur le πῦρ ἄσβεστον. Les
exemples peuvent se multiplier.

5. C'est justement à cet endroit, à cette évocation que Sabine sourit
(μειδιώσης . . . τῆς Σαβίνης), d'où la surprise: Cela te fait rire? Pour le ναί
de Sabine (si Dieu le veut), il faut reconnaître l'usage de la κοινή, même du
néo-grec d'aujourd'hui: cela veut dire simplement "oui." Il y a plusieurs
exemples dans le NT, parmi lesquels Actes 5.8 (ἡ δὲ εἶπεν· ναί), 22.27 (ὁ
δὲ ἔφη· ναί); voir Bauer⁶, 1078. Nous voyons ici la joie chrétienne, le rire
du martyr—χαρὰ ἀΐδιος. Cf. les martyrs de Pergame, 38–39, à propos de
Carpos: καὶ μετὰ τοῦτον προσηλωθεὶς ὁ Κάρπος προσεμειδίασεν. οἱ δὲ
παρεστῶτες ἐκπλησσόμενοι ἔλεγον αὐτῷ· Τί ἐστιν ὅτι ἐγέλασας; ὁ δὲ μακάριος εἶπεν·Εἶδον τὴν δόξαν Κυρίου καὶ ἐχάρην. La même succession
(sourire, surprise, rire—joie) se trouve ici. Sabine dit ἀδιστάκτως γελάσουσιν. Le mot ἀδιστάκτως indique l'adhérence totale à la foi sans hésita-
tion, sans réserve. Il ne se trouve pas dans le NT, mais il appartient au
vocabulaire philosophique de l'hellénisme tardif: plusieurs citations dans
Le Pasteur d'Hermas (Bauer⁶, 33) et chez les Pères (Lampe, s.v.).

6. Enfin s'élève la menace méchante de la faire mettre au bordel. Pour
la condamnation des chrétiennes à la prostitution, voir l'étude importante
de F. Augar, Die Frau im römischen Christenprocess. Ein Beitrag zur Ver-
folgungsgeschichte der christlichen Kirche im römischen Staat, Texte und
Untersuchungen 13.4 (Leipzig, 1905). Voir, pour une femme pure au πορνεῖον, Sénèque, Controv. I.2, où il s'agit d'une vierge prise par des pirates
et livrée à la prostitution. Elle tua un client qui voulait la prendre de force.
Elle fut accusée, acquittée, et renvoyée dans son pays, et elle y demande

un sacerdoce. Eiréné à Thessalonique (Actes V fin et VI) subit l'autorité des agoranomes, qui étaient chargés d'afficher la tablette de prostitution.

τῷ ἁγίῳ θεῷ. Pour ἅγιος comme épithète de Dieu, plutôt que du Christ, voir I Jean 2.20 (ἀπὸ τοῦ ἁγίου); cf. Bauer[6], 17. Mais en général le mot exprime la sainteté du Christ, des fidèles, ou de l'Église, pas de Dieu Lui-même: Lampe, s.v. Dans les milieus païens ἅγιος s'applique assez fréquemment à un tel ou tel dieu: C. H. Kraeling, *Gerasa* (New Haven, Conn., 1938), inscription no. 17; Ch. Clermont-Ganneau, *Études d'archéologie orientale* 1 (Paris, 1896–97), 100, inscription de Sidon. Il y a d'autres exemples dans G. W. Bowersock, *Hellenism in Late Antiquity* (Cambridge, 1990), 16. À l'époque byzantine ἅγιος veut dire "saint." En général, E. Williger, *Hagios: Untersuchungen zur Terminologie des Heiligen in der hellenisch-hellenistischen Religion* (Giessen, 1922). Pour la réponse de Sabine, μελήσει περὶ τούτου, cf. Bauer[6], 1013, s.v. 2, plusieurs citations du NT (par exemple, οὐ μέλει σοι περὶ οὐδενός, Matt. 22.16 et Marc 12.14).

VIII

1. Encore une fois: Πείσθητι ἡμῖν, mais c'est Pionios, intraitable, qui rappelle Polémon à son devoir. Il utilise les termes techniques: κεκέλευσαι, πείθειν, κολάζειν, et nous entendons un style oral, sans copules, dans un échange de conversation.

2. Τότε indique un changement: tout ce qui précédait n'était pas officiel. Polémon abandonne sa longue patience, et désormais nous avons une interrogation officielle (ἐπερωτᾷ ὁ νεωκόρος), et les Actes deviennent une transcription. Pour les témoignages de protocoles des interrogations de ce type, voir le commentaire plus bas sur XIX.1. Nous voyons le jeu de εἶπεν . . . εἶπεν, et ma traduction évoque la monotonie du déroulement officiel. Le σύγγραμμα de Pionios (I.2) aurait compris le procès-verbal ici inclus, peut-être rappelé par Pionios lui-même. Plus bas se trouve un point de vue qui évoque la position du martyr plutôt que du sténographe.

ἐπίθυσον. Le mot exprime le sens de sacrifier *en outre* (ἐπί): voir le commentaire sur III.1. Dans le contexte du culte impérial, il suggère un sacrifice pour ceux qui ne sont pas des dieux traditionnels. Polémon demande à Pionios de sacrifier à l'empereur. Dans le *Mart. Polycarpi* 4 le mot est conjoint au serment: ἔπεισεν ὀμόσαι καὶ ἐπιθῦσαι.

3. La profession de foi: τὸν ποιήσαντα τὸν οὐρανὸν καὶ τὴν γῆν καὶ πάντα τὰ ἐν αὐτοῖς. La mer manque dans la liste: voir les parallèles exacts (la mer à part) dans Exode 20.11, Ps. 146.6, Actes des Apôtres 4.24 et 14.15. On se demande, sur la base de ces parallèles, si καὶ τὴν θάλασσαν après γῆν n'aurait pas peut-être disparu du texte. Cf. *Actes d'Apollonius* 3, τὸν θεὸν τὸν ποιήσαντα τὸν οὐρανὸν καὶ τὴν γῆν καὶ τὴν θάλασσαν καὶ πάντα τὰ ἐν αὐτοῖς. Pour θεὸς παντοκράτωρ, surtout parmi les Juifs et dans les Septante, Bauer[6], 1231. Dans le NT, II Cor. 6.18: λέγει Κύριος παντοκράτωρ.

πλουσίως, "abondamment": *Lettre de Barnabas* 1.3, ἀπὸ τοῦ πλουσίου τῆς πηγῆς Κυρίου. Cf. Ephes. 2.4, Ὁ δὲ θεὸς πλούσιος ὢν ἐν ἐλέει; II Cor. 8.9, γιγνώσκετε γὰρ τὴν χάριν τοῦ Κυρίου ἡμῶν Ἰησοῦ Χριστοῦ, ὅτι δι' ὑμᾶς ἐπτώχευσεν πλούσιος ὤν, ἵνα ὑμεῖς τῇ ἐκείνου πτωχείᾳ πλουτήσητε. Surtout I Tim. 6.17: . . . ἐπὶ θεῷ τῷ παρέχοντι ἡμῖν πάντα πλουσίως εἰς ἀπόλαυσιν.

διὰ τοῦ λόγου: le Verbe.

4. ἐπίθυσον οὖν κἂν τῷ αὐτοκράτορι. Encore le sacrifice ne s'adresserait pas tant aux dieux qu' à l'empereur. C'est une affaire de loyauté (voir ci-dessus).

IX

1. ἐγγράφως. Cette fois un interrogatoire d'identité, pour que le refus soit enregistré officiellement, γράφοντος τοῦ νοταρίου πάντα. Ce *notarius* est introduit par un mot latin. Il est sténographe: cf. L. Robert, *RPhil*, sér. 3,8, 1934, 275–76 (*OMS* II, 1174–75); à l'époque impériale le *notarius* peut être aussi un scribe. Pour une discussion du phénomène de sténographie, H. Boge, "Die griechische Tachygraphie," *Klio* 51 (1969), 89–115.

2. Ναί, "oui"; voir le commentaire ci-dessus.

Ποίας ἐκκλησίας; Hilhorst, dans son commentaire, relève l'opinion de Lanata que ces mots ne peuvent indiquer les paroles du νεωκόρος. Comme partie du σύγγραμμα de Pionios, la question reflète, selon Lanata, ce qu'écrit le martyr lui-même. Il se peut que Polémon ait utilisé un des termes techniques des autorités romaines (θρησκεία ou αἵρεσις), mais Polémon, citoyen d'une ville possédant une communauté chrétienne, put également poser sa question dans le style de cette communauté. En tout cas, même si le protocole officiel de l'interrogatoire avait une expression différente, Polémon pouvait quand-même se servir du mot ἐκκλησία.

3–4. Sabine: sur l'histoire de Sabine, voir l'introduction ci-dessus, aussi sur l'importance de la datation par le règne de Gordien—chose décisive pour la datation du martyre. Le choix du nom Θεοδότη (don de Dieu) proclame la foi en même temps qu'il cache l'identité de Sabine. Sur l'identité de Politta, voir C. P. Jones, *Classical Philology* 84 (1989), 132–36, qui repousse la tentative de Lane Fox, *Pagans and Christians,* 463–65, de reconnaître ici Flavia Politta de Sardes, femme de Manilius Fuscus.

ἄνομος: Bauer[6], 142, peut-être ici dans le sens de païen (cf. I Cor. 9.21, τοῖς ἀνόμοις ὡς ἄνομος, μὴ ὢν ἄνομος θεοῦ ἀλλ᾽ ἔννομος Χριστοῦ).

διατρίβουσα μετὰ τοῦ Πιονίου. On disait auparavant que ce texte prouverait que Sabine était une *uirgo subintroducta,* c'est-à-dire qu'elle vivait comme vierge avec un ascète dans une sorte de mariage spirituel, mais cette notion a été réfutée d'une manière convaincante par J. Scheele, *Zur Rolle der Unfreien in den römischen Christenverfolgungen* (Tübingen, 1970), 69–70. Cf. Thecla dans la prison avec Paul: καὶ δοῦσα τῷ δεσμοφύλακι κάτοπτρον ἀργυροῦν εἰσῆλθεν πρὸς τὸν Παῦλον, καὶ καθίσασα παρὰ τοὺς πόδας αὐτοῦ ἤκουσεν τὰ μεγαλεῖα τοῦ Θεοῦ, *Actes de Paul et de Thecla* 18.

6. Pour la réponse de Sabine sur la nature de Dieu, voir le commentaire sur les phrases parallèles de Pionios dans VIII.3. L'expression de Sabine est altérée à la fin (πάντας ἡμᾶς au lieu de πάντα τὰ ἐν αὐτοῖς).

8. Il faut ajouter quelques mots, introduits dans le texte grec ci-dessus, devant Τίνα σέβῃ; Le rythme des questions et des réponses impose cela. Von Gebhardt a été le premier à ajouter ces mots.

X

1 sqq. Dans ce chapitre se voient des réflexions de la foule, très variées et d'un intérêt de premier ordre pour la psychologie et pour la langue. Là aussi est un cachet d'authenticité avec tous ces détails qui ne s'inventent pas. Le reportage, saisi au vol, est excellent; ce n'est pas une fabrication.

2. Dans le détail physique sur Pionios nous avons une réflexion de son animation. Cet homme, d'ordinaire pâle (χλωρός), se montre littérale-

ment ardent (πυρρός) par l'accès du sang qui lui colore les joues. Le mot πυρρός, "rouge," "jaune-rouge," est bien rare comme épithète d'un visage (πρόσωπον). Voir Sophronius de Jérusalem, *Miracles de Cyrus et Jean*, PG 87, 3636A: πυρρωπός.

3. Dans l'épisode de Sabine on voit encore la vérité profonde par un détail saisi en quelques mots. La cohue: ὦσμα τοῦ πλήθους. Le mot ὦσμα paraît être un *hapax,* non cité dans les dictionnaires de LSJ et Bauer[6], et uniquement pour Pionios chez Lampe. Le grec attique emploie ὠθισμός (rarement ὠστισμός, voir LSJ), et la κοινή a la forme ὠσμός (cf. Diod. Sic., II.19). Ce que nous entendons dans ce passage doit être la langue courante à Smyrne au temps de Pionios.

Le désir de Sabine de ne pas être séparée nous donne un détail psychologique et touchant. Dans cette cohue, avec la raillerie de la foule, se fait sentir la confiance de Sabine envers son maître (et sa protection). ἀποτίτθιος: encore un *hapax* (cf. ἀποτίτθος, Philon, 2.83, 332). Le reportage précis évoque le ton moqueur et vulgaire de la foule badaudière.

4. ἐξεβόησεν: dans le sens technique des acclamations et des propositions dans les assemblées. Voir Erik Peterson, Εἷς Θεός (Göttingen, 1926); *POxy* X 1242.54 (κραυγαὶ ἐξεβοῶντο), et d'autres exemples cités par C. Roueché dans son article, "Acclamations in the Later Roman Empire: New Evidence from Aphrodisias," *JRS* 74 (1984), 181 sqq. La *uox propria* pour acclamation était ἐκβόησις: cf. *Inschr. Ephesos* no. 44 et 1352. Cf. *Bull. épig.* 1961, 537 sur l'expression χαίρομεν καὶ ταῖς ἐκβοήσεσιν prononcé par Fl. Héliodore, proconsul d'Asie sous Théodose II. Ce cri, sorti (ἐξ) de la foule, est une invitation à l'exécution, mais la réponse de l'autorité rappelle la loi: la chose est grave, et il faut appliquer la loi. C'est ce qui explique que, dans ce cas, c'est Polémon qui répond, le néocore est le responsable légal. Parce que la situation est très dangereuse autant pour l'ordre que pour les accusés, le magistrat (prêtre) répond par un argument juridique, une formule dont chaque mot est juridique: αἱ ῥάβδοι sont les faisceaux romains—les *fasces,* que les *lictores* portent solennellement devant (προάγουσιν) un magistrat avec un *ius* (ἐξουσία) qui permet de mettre à mort: cf. ἐξουσία τοῦ κτείνειν, Jos., *BJ* 2.117; θανατοῦν ἐξουσίαν ἔχοντες, Dion Cassius, *Hist. Rom.* 53.14.5; ἐξουσίαν θανάτου καὶ ζωῆς ἔχοντες, Galien, 14.215 Kühn. Sur les mots grecs pour les institutions romaines, voir H. J. Mason, *Greek Terms for Roman Institutions* (Toronto, 1974).

5. Encore la moquerie: nous conservons dans le texte ἴδετε, ἀνθρω-πάριον, mais Radermacher proposa ἴδε τὸ ἀνθρωπάριον, ce qui est peu nécessaire. Le ton moqueur du mot ἀνθρωπάριον était très familier dans le monde antique, surtout dans les grandes oeuvres comiques: Eupolis 26D, Aristophane, *Plutus* 416. C'est aussi un mot de l'invective politique quand Démadès (51) s'en sert contre Démosthène. Chez Epictète (*Diss.* 1.3.5) le mot joue un rôle dans la diatribe. La forme en –αριον évoque la petite taille d'Asclépiadès, en le rendant ridicule. Le mot qui suit, ὑπάγει, est également de la langue parlée et populaire. Ça veut dire simplement "va" et se trouve fréquemment dans les Évangiles: Bauer[6], 1667.

σὺν ἡμῖν. Le ton personnel doit être le résultat de la rédaction de Pionios lui-même dans le σύγγραμμα, dont le martyre fait mention dans son premier chapitre. Il ne faut pas interpréter le ἡμῖν comme "notre com-munauté." C'est une indication bien précise, et je ne puis affaiblir la va-leur de cet ἡμῖν.

6. Σὺ ψεύδῃ. Là encore, une réponse foudroyante de Pionios, saisie au vol. La forme de la riposte est brutale. Pionios est touché au plus sensi-ble dans ce temps de défaillance: il a pris tant de précautions (les cordes, par exemple) pour qu'on ne puisse imaginer cela. Nous sentons cette at-mosphère de la persécution de Dèce. La suite aussi est une invitation à la défaillance: la formule, ὃς δὲ καὶ ὃς δέ, est populaire, et la riposte, très fière, est le seul recours de l'homme isolé.

προαίρεσις. Depuis Démosthène, Aristote, et les philosophes hellé-nistiques c'est le mot pour "préférence," "mode de vie préférée": Dém., *Ep.* 3.18, ἐν προαιρέσει χρηστῇ καὶ βίῳ σώφρονι ζῆν; Arist., *Mét.* 1015a33, ἡ κατὰ προαίρεσιν κίνησις. Également de la politique, "mode de gouvernement préféré," Dém., 13.8, τὴν πρὸς τὰς ὀλιγαρχίας ὑπὲρ αὐ-τῆς τῆς προαιρέσεως ἔχθραν. Le sens dépend du choix (aussi προαίρεσις) inhérent dans une décision individuelle: voir LSJ, s.v. pour les témoi-gnages philosophiques et rhétoriques de l'usage. En demandant τί οὖν πρὸς ἐμέ; Pionios proclame sa fidélité à soi-même: "je suis Pionios," c'est-à-dire pas un autre. "Je suis *un tel*." Il est ici le διδάσκαλος, fier et indé-pendant. Pour la phrase οὐ πρὸς ἐμέ, "ce n'est pas mon affaire," voir Isocr., 4.12; Dém., 18.44; et d'autres exemples dans LSJ s.v., C III.1, et Bauer[6], 1413 ("was anbetrifft").

7–8. Toute cette partie-ci de la fin du chapitre manque dans le texte vieux-slave, mais la version latine de Lipomanus la conserve. L'expression ὦ τοσαύτη παιδεία, καὶ οὕτως ἐστίν n'est pas facile à comprendre. Cf. Cadoux, *Ancient Smyrna*, 388 n. 1: "'What a well educated man!' is the best I can make of the Greek." Certes Pionios était connu pour sa culture, et le discours qu'il vient de prononcer le prouve. Mais ce qu'implique la version de Lipomanus, c'est l'inutilité d'une telle érudition: *Quid prodest huic doctrina sua, cum ita se habeat?* Schwartz proposa l'addition du mot ἀνόητος après οὕτως, mais il y a là une impossibilité paléographique, qui produit une grossièreté inadmissible ("Quelle science! Mais qu'il est borné, obtus!"). La traduction de Musurillo, "punishment," c'est-à-dire châtiment, est théoriquement possible pour παιδεία (NT, Hébr. 12.5 et les Septante), mais elle fait un contresens ici. Plus raisonnable est la version de Ronchey et Hilhorst, "fermezza," pour évoquer le courage et la persistance du martyr. Le sens de "discipline" est bien attesté pour παιδεία dans la littérature chrétienne, e.g. Origène, *in Ps.* 2.12: παιδεία ἐστὶ μετριοπαθεία παθῶν (d'autres citations dans Lampe, s.v. B). Un tel sens convient beaucoup mieux à οὕτως ἐστίν que "science" ou "culture."

Pour les famines, voir plus haut sur περὶ τοῦ ἄρτου, VII.1.

XI

2. "de l'église catholique": cf. l'interrogatoire par le néocore au chapitre IX.

Limnos, Makedonia: ces noms imposent une origine macédonienne de ces personnes. Voir les macédoniens nommés Limnaios chez Polybe, 18.34.4 et 29.4.6, et l'observation sur le nom à Aspendos dans L. Robert, *Noms indigènes dans l'Asie-Mineure gréco-romaine* (Paris, 1963), 117: "il n'y aurait rien que de normal à l'implantation dans la région de familles de soldats et d'officiers macédoniens."

Sur le village de Karina, Hélène Ahrweiler, *Travaux et mémoires* 1 (1965), 69 n. 363: "Nous ne pouvons pas localiser le village de Karina mentionné en relation avec Smyrne" [renvoi à *Mart. Pion.*]. Cf. Plin., *Hist. Nat.* 5.145, *oppida ibi* (Phrygie) *celeberrima Ancyra, Celaenae, Colossae, Carina, Cotyaion*. La ville de Phrygie n'est manifestement pas la même que le village près de Smyrne. Il n'y pas un mot sur le témoignage du *martyrium* de Pionios dans l'ouvrage de L. Zgusta, *Kleinasiatische Ortsnamen* (Heidelberg, 1984).

αἵρεσις τῶν Φρυγῶν: les Montanistes, hérétiques comme les Marcionites, dont le martyre mentionne un adhérent plus bas en XXI.5. Pour le

Montanisme, localisé à la Phrygie, voir H. Kraft, "Die Lyoner Märtyrer und der Montanismus," dans *Les Martyrs de Lyon* (Paris, 1978), 233 sqq. Delehaye, *Passions*, 29, a justement relevé que les mentions de martyrs hérétiques sont des preuves incontestables de l'authenticité de ce récit, parce que l'Église n'acceptait pas d'hérétiques en général parmi ses martyrs.

Eutychianos: ce nom, très répandu dans le monde grec de l'Empire romain, s'attache avant tout, semble-t-il, aux esclaves et affranchis: cf. H. Solin, *Die griechischen Personennamen in Rom: ein Namenbuch* (Berlin-New York, 1982), 807–8. Le nom se trouve à Aphrodisias en Carie sur la grande stèle des Juifs et des judaïsants: J. Reynolds et R. Tannenbaum, *Jews and Godfearers at Aphrodisias* (Cambridge, 1987), 107–8.

3. οἱ ἐπὶ τῆς φυλακῆς: les gardiens de la prison. Pour φυλακή comme "prison" fréquemment dans le NT, voir Bauer⁶, 1730 (plusieurs citations). τὰ φερόμενα ὑπὸ τῶν πιστῶν: Pour les donations des fidèles aux confrères en prison, voir Cyprien, *Ep.* 5.2 avec la riche documentation et le commentaire approfondi de Clarke, *Cyprian* I, 184–85. Cf. aussi Tert., *De ieiun.* 12.2 sur les *martyres incerti*, soumis par la nourriture offerte à une tentation de gloutonnerie. Lucien nous donne une parodie de tout ceci dans *De morte Peregrini* 12: τότε δὴ καὶ συλληφθεὶς ἐπὶ τούτῳ ὁ Πρωτεὺς ἐνέπεσεν εἰς τὸ δεσμωτήριον, ὅπερ καὶ αὐτὸ οὐ μικρὸν αὐτῷ ἀξίωμα περιποίησε πρὸς τὸν ἑξῆς βίον καὶ τὴν τερατείαν καὶ δοξοκοπίαν, ὧν ἐρῶν ἐτύγχανεν. ἐπεὶ δ' οὖν ἐδέδετο, οἱ Χριστιανοὶ συμφορὰν ποιούμενοι τὸ πρᾶγμα πάντα ἐκίνουν ἐξαρπάσαι πειρώμενοι αὐτόν. εἶτ' ἐπεὶ τοῦτο ἦν ἀδύνατον, ἥ γε ἄλλη θεραπεία πᾶσα οὐ παρέργως, ἀλλὰ σὺν σπουδῇ ἐγίγνετο· καὶ ἕωθεν μὲν εὐθὺς ἦν ὁρᾶν παρὰ τῷ δεσμωτηρίῳ περιμένοντα γρᾴδια χήρας τινὰς καὶ παιδία ὀρφανά, οἱ δὲ ἐν τέλει αὐτῶν καὶ συνεκάθευδον ἔνδον μετ' αὐτοῦ διαφθείροντες τοὺς δεσμοφύλακας· εἶτα δεῖπνα ποικίλα εἰσεκομίζετο καὶ λόγοι ἱεροὶ αὐτῶν ἐλέγοντο καὶ ὁ βέλτιστος Περεγρῖνος — ἔτι γὰρ τοῦτο ἐκαλεῖτο — καινὸς Σωκράτης ὑπ' αὐτῶν ὠνομάζετο.

ὅτε πλειόνων ἐχρῄζομεν: sans doute une allusion à la famine, dont il s'agit en VII.1 et X.8.

οὐδένα ἐβαρήσαμεν. Le mot de Pionios reprend II Cor. 12.16 (ἐγὼ οὐ κατεβάρησα ὑμᾶς) et I Thess. 2.9 (νυκτὸς καὶ ἡμέρας ἐργαζόμενοι πρὸς τὸ μὴ ἐπιβαρῆσαί τινα ὑμῶν ἐκηρύξαμεν εἰς ὑμᾶς τὸ εὐαγγέλιον τοῦ Θεοῦ). Dans les inscriptions et les papyri se trouvent plusieurs exemples de βαρεῖν dans ce sens: *SIG*³ 888, 85, ἐάν τε βαρ[ώ]μεθα (Scaptopara, de l'année 238); *OGIS* 595, 15, ἵνα μὴ τὴν πόλιν βαρῶμεν (lettre des marchands tyriens à Puteoli); *POxy* III 525, 2, καθ᾽ ἑκάστην ἡμέραν βαρο-ῦμαι δι᾽ αὐτόν; *PTebt* I 23, 4, καθ᾽ ὑπερβολὴν βεβαρυμμένοι). Voir aussi Bauer⁶, 267–68.

4. Les gardiens de la prison se voient privés de leurs bénéfices par le refus de Pionios. Ils s'attendaient à ce que les cadeaux offerts par les fidèles fussent partagés avec eux. Pour les relations entre gardiens et prisonniers voir les Actes de Perpétue et Félicité, surtout le chapitre IX: "Pudens miles optio, praepositus carceris, nos magnificare coepit intellegens magnam uirtutem esse in nobis." Le mot ἐπιφιλανθρωπευόμενοι est un *hapax*, mais φιλανθρωπεύεσθαι est bien attesté dans les auteurs grecs depuis Démosthène (19.139): LSJ s.v. Cependant le sens de ce mot connu évoque la bonne conduite, l'humanité de telle ou telle personne. Par contre ἐπιφιλανθρωπευόμενοι dépend d'un sens développé de φιλάνθρωπα comme "cadeaux," "gratifications": les gardiens recevaient une partie des cadeaux apportés aux prisonniers. Pour φιλάνθρωπα et ses sens particuliers de "privilèges," "immunités," et enfin "bénéfices," "gratifications," voir LSJ s.v., III. Tous ces sens semblent être absents dans la littérature des Testaments et la littérature patristique (rien dans Bauer⁶ et Lampe) et doivent être caractéristiques de la langue séculière.

ἐκ τῶν ἐρχομένων αὐτοῖς. Le mot ἐρχομένων est-il neutre ou masculin?

πρὸς τὸ μὴ ἔχειν αὐτούς: "pour que," voir I Thess. 2.9 (πρὸς τὸ μή), citation ci-dessus dans le commentaire sur ἐβαρήσαμεν (XI.3); LSJ, s.v., III.2.b "with a view to."

φιλανθρωπίαν: c'est-à-dire, φιλάνθρωπα, "cadeaux."

5. τὰ συνήθη: ce que donnaient les prisonniers d'habitude aux gardiens: phrase énigmatique, traduit par Musurillo "the usual friendship," par Ronchey "la consueta obbedienza." Cf. la version latine de Lipomanus, *quae dari solita erant*, et le vieux-slave *obyčenaja* ("les [choses] habituelles," Vaillant). Mais il est difficile de croire que "friendship" ou "obbedienza" suffira à faire changer d'avis les gardiens. Le mot veut dire "pourboires," sens qui manque dans LSJ et Lampe mais qui est bien évident dans quelques inscriptions du Bas-Empire: *OGIS* 521.16 (συνηθειῶν ἃς παρεῖχον); *SEG* IX.365, 16 sq. (les édits d'Anastase), κομίζωσθαί τι παρὰ τῶν στρατιωτῶν ὑπὲρ τῆς καλουμένης μὲν εὐμενίας οὔσης δὲ ἐξ ἔθ-

ους οὐκ ἀγαθοῦ κακῆς σινηθίας (*sic*). La date du martyre convient très bien: pas encore συνήθεια mais τὰ συνήθη.

ὁ ἐπάνω τῆς φυλακῆς. Le titre avec ἐπάνω réflète une vogue de l'époque tardive. Le sens n'est pas indiqué dans LSJ sauf entre parenthèses en citant Vettius Valens 48.5, "set over," ἐπάνω χρημάτων τεταγμένος. Il y a quelques exemples dans Bauer[6], 573, 2b ("von der Herrschaft über etwas"), surtout Luc 19.17, ἐξουσία ἐπάνω δέκα πόλεων. C'est la langue familière, pas un titre précis ou officiel.

7. φιλολογεῖν. Le sens n'est pas "conversare" (Hilhorst), "to discourse" (Musurillo), ou *besĕdokati* (vieux-slave, "converser"). La version latine de Lipomanus, *philosophari*, est plus proche mais aussi erronée. Le mot dans le grec tardif et byzantin veut dire plutôt "discuter," "argumenter." Cf. [Longinus], *De sublim.* 29.2: Ἀλλὰ γὰρ ἅλις . . . ἐκ παρενθήκης τοσαῦτα πεφιλολογῆσθαι; Théod. Stud., *Antirrhetica* 1.3 (PG 99, 332B), φιλολόγημα, "argument" [ainsi justement Lampe s.v.].

XII

Des deux discours de Pionios (IV.2–24, XII. 3–XIV.16), le plus long, de loin, est celui de la prison. Ici le prêtre s'adresse à ceux des fidèles qui ont cédé sous la pression des persécuteurs, soit parce qu'ils ont sacrifié contre leur gré (XII), soit parce qu'ils se sont convertis au judaïsme (XIII–XIV); il doit donc mettre la communauté en garde, et la protéger contre le danger de la foi rivale. C'est une partie essentielle de son message, "pour admonition" (I.1) et exactement adaptée à la situation précise: on n'y trouve pas les généralités de la prédication éternelle, telles qu'on en rédige pour l'édification générale de tous les lecteurs.

1. πολλοὶ τῶν ἐθνῶν. Ce sens de ἔθνη, "païens" par opposition aux chrétiens aussi bien qu'aux Juifs, paraît déjà dans le Nouveau Testament et souvent après: K. L. Schmidt, *TW* II, 367–69, Lampe s.v. ἔθνος 2, 3, Bauer[6], 440, ἔθνος 2. La popularité de Pionios se voit dans les efforts obstinés de le persuader "même en prison."

2. σεσυρμένοι. Déjà dans son discours à l'Agora Pionios s'est avéré soucieux de ceux qu'on a forcés à sacrifier, qui ont commis un péché involontaire (IV.10). C'est au même groupe, les *lapsi*, qu'il s'adresse ici: leur péché est "involontaire" (XIII.1), à la différence des Juifs qui ont péché χωρὶς ἀνάγκης (XIV.15), et ils sont entrés en prison comme visiteurs, pas

comme prisonniers eux-mêmes (cf. XV.1). Ainsi Cadoux, *Ancient Smyrna*, 389, "Christians who had submitted to violence and complied against their will with the demand for sacrifice"; pour des cas semblables de violence en Afrique, p. ex. Cypr., *Ep.* 55. 13, 2, "qui reluctatus et congressus diu ad hoc funestum opus necessitate peruenit," avec le commentaire de Clarke, *Cyprian* III, 185–86 (cf. sur XV.7); autrement Hilhorst ad loc., mais ses arguments ne sont pas bons.

εὐλαβέσι. Rare dans la littérature chrétienne ancienne, ce mot devient de plus en plus fréquent pour signifier les "dévots," les groupes consacrés comme les vierges, les moines, les empereurs: Bultmann, *TW* II, 750–51; Lampe 2 b, c, 3 a; Bauer[6], 651.

ἐν καλῇ πολιτείᾳ γενόμενοι. Un sens spécifiquement juif de πολιτεία, "conduite" à l'égard de la Loi, se rencontre pour la première fois dans *Macc.* II–IV. Il est quasiment absent du Nouveau Testament, mais à partir des Pères Apostoliques πολιτεία désigne la conduite aussi bien chrétienne que juive: Struthmann, *TW* VI, 525–26, 535; Lampe s.v. F c, "of specifically Christian life and conduct"; Bauer[6], 1375, πολιτεία 3. Cf. A. Wilhelm, *Glotta* 14 (1925), 81.

3. καινῇ. Noter la position emphatique: Pionios souffre d'un "nouveau châtiment" qui vient non point de la loi romaine appliquée aux chrétiens mais de la conduite des chrétiens eux-mêmes.

κολάσει. Peut-être "douleur," "tourment" plutôt que "châtiment": cf. Lampe s.v. κολάζω 2, κόλασις 2, citant *Mart. Polycarpi* 2, 4, ποικίλων βασάνων ἰδέαις κολαζόμενοι; P. M. Fraser, *Classical Review* 40 (1990), 435.

κατὰ μέλος. La métaphore va bien avec l'idée de châtiment, mais elle rappelle aussi la doctrine des fidèles comme "membres" de l'Église: *Ephes.* 4.25, ἐσμὲν ἀλλήλων μέλη (cf. *I Clem.* 46, 7); Lampe s.v. 4.

τοὺς μαργαρίτας. Avec tendresse Pionios fait appel à la dignité des *lapsi*.

τοὺς ἀστέρας. En dehors de l'allusion biblique (*Apoc.* 12.3–4), Pionios peut penser à des spéculations sur les étoiles comme êtres surhumains: Foerster, *TW* I, 500–502, Lampe s.v. ἀστήρ. Le dragon est évidemment le Diable: Foerster, *TW* II, 284–86.

σεσυρμένους: σεσυρωμένους M, corrigé par von Gebhardt; Kurtz, "Lesefrüchte," 278, propose συρομένους à cause du temps de καταπατουμένους et λυμαινομένους, peut-être avec raison.

4. τεκνία. La forme diminutive, qui se trouve déjà dans la citation (Gal. 4.19), paraît neuf fois dans le NT (dont six dans I Jean), le plus souvent au vocatif et avec un sens affectif, "mes petits enfants," comme ici et s. 13; cf. L. Robert, *Les stèles funéraires de Byzance gréco-romaine* (Paris, 1964), 138, J. et. L. Robert, *Bull. épigr.* 1979, 514, avec une foule d'exemples tirés des inscriptions et de la littérature païenne. En même temps on voit la tendance du grec vers la multiplication des diminutifs: P. Chantraine, *La formation des noms en grec ancien* (Paris, 1933), 64–77.

οἱ τρυφεροί μου, "mes préférés délicats." Encore une citation directe (Bar. 4.26). Comme le latin *delicatus* (*TLL* V, 1, 445, 27), τρυφερός ici paraît signifier "bien aimé," "favori": comparer la martyre Perpétue de Carthage entrant dans l'amphithéâtre "ut matrona Christi, ut Dei delicata" (*Pass. Perp.* 18, 2; cf. d'ailleurs F. Dölger, *Antike und Christentum* 1 [1929], 172 n. 44, qui entend *delicata* comme "dédiée"; noter aussi L. Robert, *CRAI* 1982, 276 [*OMS* V, 839]).

5. L'histoire de Suzanne, belle et innocente victime des vieillards conspirateurs, est bien choisie pour illustrer les douleurs de l'Église menacée de tous côtés. La même comparaison est poussée beaucoup plus loin par un auteur presque contemporain, Hippolyte de Rome. Dans son *Commentaire sur Daniel*, celui-ci voit dans Suzanne une préfiguration de l'église, dans les deux vieillards les païens et les Juifs (même situation qu'à Smyrne), et dans leurs menaces les pressions exercées par les persécuteurs (*In Dan.* I 12–33, SC 14, 90–127; sur la persécution visée par Hippolyte, T. D. Barnes, *JRS* 58 [1968], 42–43). L'histoire de Suzanne est aussi un sujet de choix dans l'art chrétien: Leclercq, *DACL* XV, 1745–1752; *New Catholic Encyclopaedia, Oxford Dictionary of the Christian Church*[2] s.v. Susanna. À Antioche de Syrie se trouvait un "*martyrion* de Sainte Suzanne," P.-L. Gatier, *Syria* 65 (1988), 385, 387–88. Pour le nom "Suzanne" parmi les Chrétiens, G. R. H. Horsley, *New Documents Illustrating the History of Early Christianity* IV (North Ryde, New South Wales, 1987), 183.

6. Encore une allusion à l'une des histoires de l'Ancien Testament, celle d'Esther, la belle juive devenue épouse d'Ahasuérus (Xerxes) et reine des Perses. Ici encore la jeune héroïne symbolise l'Église persécutée, mais à la différence de Suzanne il ne semble pas que le livre d'Esther ait fourni de matière à l'exégèse chrétienne, sans doute à cause de son triomphalisme juif: il n'y est fait aucune allusion dans le Nouveau Testament.

7. La prédiction d'Amos est ainsi vérifiée, ἐξαποστελῶ λιμὸν ἐπὶ τὴν γῆν, οὐ λιμὸν ἄρτων οὐδὲ δίψαν ὕδατος, ἀλλὰ λιμὸν τοῦ ἀκοῦσαι λόγον Κυρίου (Amos 8.11; un des manuscrits porte en effet ἀλλ᾽ ἢ comme variante pour ἀλλὰ). Ici on sous-entendra donc λιμός et non pas δίψα avant τοῦ ἀκοῦσαι. En même temps Pionios rappelle la famine de Smyrne, lourd souvenir récent; cf. X.8 et peut-être aussi VII. 1 (περὶ τοῦ ἄρτου).

8. La parabole des Dix Vierges (Matt. 25.1–13) a été appliquée de plusieurs façons, pour illustrer la vie sainte des femmes, l'Église comme épouse du Christ, l'attente de la Parousie: c'est en ce dernier sens que Pionios l'emploie ici, pour marquer la négligence, la somnolence spirituelle des chrétiens. De façon semblable Hippolyte exhorte ses lecteurs à "allumer leurs lampes et attendre l'époux" lors d'une persécution du troisième siècle (*In Dan.* I 33, SC 14, 127; cf. ci-dessus, sur s. 5). Sur les Dix Vierges dans l'archéologie chrétienne, Leclercq, *DACL* XV, 3095–98; G. Millet, *Cahiers archéologiques* 8 (1956), 4–8; A. Grabar, ibid. 12–13; J. et L. Robert, *Bull. épigr.* 1978, 497.

11. Dans les paroles du Baptiste dont Pionios tire l'image de la vanne, elle n'est pas de feu, mais il est dit que le Seigneur baptise avec du feu et brûlera la paille (Matt. 3.11–12, Luc 3.16–17). Le feu est d'ailleurs un attribut du Dieu puissant et vengeur, surtout dans l'eschatologie: cf. IV.24, τῆς μελλούσης διὰ πυρὸς γίνεσθαι κρίσεως; VII.4, ἀποθανόντας καυθῆναι; Lang, *TW* VI, 941–48, Lampe s.v. πῦρ E, F, I.

13–16. Après les reproches des phrases précédentes, Pionios en vient à consoler ses brebis errantes en employant le "nous" du pasteur.

13. τεκνία. Voir ci-dessus, sur s. 4.

14. Is. 59.1, avec légers changements, p. ex. ἀδυνατεῖ au lieu d'οὐκ ἰσχύει; même citation dans un pareil contexte, Cypr., *Laps.* 21.

15. ἠδικήσαμεν . . . καταφρονήσαντες. La version latine donne, "nos negleximus Deum, contempserunt alii" (p. 193), la slave, "nous avons été paresseux, d'autres mêmes dédaigneux," ce que Vaillant a expliqué en supposant la leçon ἠμελήσαμεν. On comparera Cyprien, *Laps.* 7, "Domini mandata contemnimus"; *Ep.* 4. 1, "viam Domini non tenemus nec data nobis ad salutem caelestia seruamus"; 4.4 (le Christ vu en rêve) "dolere quod praecepta sua non obseruarentur." Lampe, s.v. καταφρονέω 2, "disregard," Bauer⁶, 855.3, "für nichts achten."

ἠνομήσαμεν . . . ἀνηλώθημεν. Pionios rappelle le reproche de Paul aux Galates (5.15), εἰ δὲ ἀλλήλους δάκνετε καὶ κατεσθίετε, βλέπετε μὴ ὑπ᾽ ἀλλήλων ἀναλωθῆτε. Heikel, p. 13, a voulu mettre le texte en conformité avec la citation en changeant καταιτιώμενοι en κατεσθίοντες, mais en ce temps de persécution ces "accusations" vont très bien.

16. Encore une adaptation (Matt. 5.20) avec le "nous" du pasteur. Le texte de Matthieu ne porte que πλεῖον, sans μᾶλλον, et Heikel, p. 13, a voulu supprimer celui-ci. Mieux vaut l'entendre dans un sens légèrement adversatif (Bauer⁶, 993 3 β), "Plutôt, il aurait fallu que votre justice . . .": ainsi Musurillo et Ronchey.

XIII

Les deux chapitres XIII et XIV vont ensemble pour constituer une partie distincte du discours adressé par Pionios aux *lapsi*. Il s'agit d'une espèce particulière de l'apostasie, selon laquelle on se convertit au judaïsme pour se mettre à l'abri des persécutions et protéger sa foi de son mieux.

On ne sait depuis quand les Juifs se sont installés à Smyrne, mais sous les empereurs ils ont dû y former un groupe important, comme en témoignent les inscriptions qui parlent des "Juifs d'autrefois" à l'époque d'Hadrien et des dignitaires de la Synagogue (Petzl, *Inschriften*, no. 697, 30, cf. 295, 296, 844; cf. Cadoux, *Ancient Smyrna*, 303–5, Robert, *Hellenica* XI–XII, 260–61). Une tradition tenace dans les textes chrétiens parle des Juifs comme persécuteurs, ou complices des persécuteurs, dans la ville. Ainsi l'auteur de l'Apocalypse de Jean, s'adressant aux Smyrniens, dit savoir comme les fidèles sont "calomniés par les soi-disants Juifs" (Apoc. 2.9); dans le *Martyre de Polycarpe*, sans doute du milieu du IIᵉ s., après que le saint a été condamné au feu et que le peuple se mit à ramasser du bois, "les Juifs les aidèrent avec zèle, comme il leur est habituel" (XIII.1).

La rivalité entre Église et Synagogue remonte aux origines de celle-là: parmi les évangélistes c'est Matthieu qui souligne le plus l'aspect anti-juif de l'enseignement de Jésus (p. ex. Matt. 23); mais tous les quatre s'empressent de faire ressortir le rôle pris par les Juifs, aussi bien les autorités que le peuple, au jugement et à la mort du Sauveur chrétien et d'établir un lien direct entre les prophéticides de l'Ancien Testament et les déicides du Nouveau. Des Évangiles le thème des Juifs persécuteurs se maintient dans les autres livres du Nouveau Testament: le texte-clé, c'est le martyre d'Étienne, où prend une place importante le discours du proto-martyr au Sanhedrin avec sa péroraison virulente (Actes 7.51–53; cf. *Mart. Pion.* 13, 1–2): ainsi se forge le maillon entre martyre et polémique anti-juive, encore visible dans le *Martyre de Pionios.* Sur tout cela, Simon, *Verus Israël,* 245–50; Wilken, *John Chrysostom,* esp. 43–49.

Au fond du discours de Pionios, donc, il y avait déjà une longue his-toire de polémique anti-juive et anti-chrétienne. Son raisonnement est d'une complexité correspondante, et lui-même redoute qu'elle ne dépasse ses auditeurs (XIV.15). C'est la meilleure preuve du caractère personnel et originel du *Martyre:* il est difficile de croire que quelqu'un d'autre aur-ait élaboré une polémique si érudite, si bien adaptée aux circonstances: cela doit être de la plume de Pionios, soucieux dans ses derniers jours de laisser aux fidèles "un avertissement et un monument de son enseigne-ment" (I.2).

Le coeur de cette section, encadré par les exhortations de XIII.1–2 et XIV.15–16, est constitué de deux arguments distincts mais liés. Le pre-mier, plus simple, vise l'opinion juive que Jésus n'aurait été qu'un simple mortel, et en plus un homme mort de façon violente, un *biothanès;* l'au-tre, c'est que les Juifs prétendent avoir évoqué Jésus avec sa croix des En-fers, de sorte qu'il ne peut être au ciel comme l'affirment les chrétiens. Pour asseoir cette prétention, les Juifs citaient un incident bien connu de leur propre histoire, l'évocation de l'esprit de Samuel par la pythonisse d'Endor (cf. XIV.8, ὑπολαμβάνουσι): Pionios est donc amené à entrer dans une controverse qui avait occupé les penseurs chrétiens depuis long-temps, et sa prise de position le montre bien au courant des débats théo-logiques.

1. ἀκούω . . . συναγωγάς. Même après leurs défaites sous Vespasien et Hadrien, les Juifs n'ont cessé de pratiquer le prosélytisme: cf. Simon, *Verus Israël,* ch. 10; Schürer, *History* III, 150–76; J. M. Reynolds et Rob-ert Tannenbaum, *Jews and Godfearers at Aphrodisias,* Proceedings of the Cambridge Philological Society, Supplementary Papers 12 (Cambridge, 1987), une inscription datée par l'éditrice du IIIᵉ s., où paraissent à côté des Juifs proprement dits des prosélytes et des *theosebeis* (cf. Tannen-baum, p. 43–45, 48–66). Au temps des persécutions, le prosélytisme po-sait aux autorités chrétiennes un problème exceptionnel, les Juifs étant exemptés des ordonnances religieuses des empereurs et formant parfois

de fortes communautés dans les villes. Ainsi s'explique-t-il que Sarapion, évêque d'Antioche de Syrie, composa un traité contre un certain Domninos, converti au judaïsme lors de la persécution de Septime Sévère: Eus. *Hist. Eccles.* VI 12, 1; O. Bardenhewer, *Geschichte der Altkirch. Litt.* I (Freiburg im Br.), 534–55; Schürer, *History* III, 125.

μή ποτε . . . ἁμαρτήσῃ. Étienne le protomartyr avait reproché aux Juifs leur opposition à l'Esprit Saint: τῷ πνεύματι τῷ ἁγίῳ ἀντιπίπτετε, Actes 7.51. Pionios leur applique à son tour le "péché irrémédiable" du blasphème contre l'Esprit (Matt. 12.31–32, Marc 3.28–29, Luc 12.10, cf. Berger, *TW* I, 623–24, Schweizer, *TW* VI, 294–95; Wilken, *John Chrysostom*, 123–24). Ce faisant il réfute la justification des judaïsants: ils ont commis un crime pire que ceux qui ont sacrifié sous la contrainte (cf. συρόμενοι, commentaire sur XII.2–3), car de leur propre volonté ils ont fermé leur coeur à l'Esprit Saint, au pouvoir de l'église, sinon de Dieu, de leur pardonner.

2. ἄρχοντες Σοδόμων καὶ λαὸς Γομόρρας. Citation de Isaïe 1.10; en même temps la phrase rappelle les réalités du judaïsme contemporain; pour les ἄρχοντες juifs, L. Robert, *RPhil*, sér. 3, 42 (1958), 40–41 (*OMS* V, 180–81), Schürer, *History* III, 98–100; pour λαός comme désignation d'une communauté locale, Robert, *Hellenica* XI-XII, 260, commentant la phrase γραμματεὺς τοῦ ἐν Ζμύρνῃ λαοῦ dans une inscription de la ville (maintenant Petzl, *Inschriften*, no. 296); Schürer, *History* III, 20, 89–90. La mention de Sodome et Gomorrhe rappelle le châtiment divin de ces régions déjà évoqué par Pionios, IV.18–19.

αἱ χεῖρες αἵματος πλήρεις. Encore une citation d'Isaïe 1.15. Aux yeux des chrétiens, les paroles du prophète ont trouvé leur confirmation dans le rôle joué par les Juifs à la mort de Jésus et ses disciples: Matt. 27.25, Actes 18.6, 22.20. Cf. Simon, *Verus Israël*, 245–74; P. Winter, *On the Trial of Jesus*[2] (Berlin et New York, 1974), 158–89; Wilken, *John Chrysostom*, 125–26.

οὔτε . . . οὐδέ . . . : LSJ s.v. οὐδέ III, οὔτε II 3. Encore une réminiscence de la tirade anti-juive du protomartyr, Actes 7.52.

3. Après ἠκούσατε les versions arménienne et slave (mais non la latine) s'accordent pour ajouter une phrase que von Gebhardt traduit par καὶ νῦν περαίνετε ἃ ἐμάθετε, mais on voit difficilement ce que ces *lapsi* doivent "effectuer."

Ὁ Χριστὸς ἄνθρωπος ἦν καὶ ἀνεπαύσατο ὡς βιοθανής. Que Jésus ait été un simple mortel, c'est une opinion que déjà les Évangélistes attribuent aux Juifs (Matt. 27.39–44, cf. Simon, *Verus Israël*, 229–33). Une tradition juive connue à Celse représentait Jésus comme fils d'un soldat romain du nom de Panthera: Or. *Cels.* I.32–37, avec le commentaire de Chadwick; cf. de Labriolle, *Réaction*, 126.

βιοθανής. C'était une catégorie de morts ayant une grande importance dans la pensée ancienne que les victimes de mort violente. Pour les distinguer on employait ou le simple βίαιος ou un mot composé de βία (préfixe βιαιο– ou βιο–) et de θάνατος; ainsi βιαιοθάνατος, βιοθάνατος, etc. Le contraire, c'est ἰδιοθάνατος, "mort de sa belle mort," *Bull. épig.* 1974, 331. Hors du *Martyre* et de quelques textes byzantins (Sophocles, Lampe s.v.), la forme βιοθανής paraît dans un autre récit de la persécution décienne, le *Martyre de Conon* (Knopf-Krüger[4], 64–67; Musurillo, 186–93). Le gouverneur y dit aux chrétiens, "Pourquoi vous égarez-vous, appelant dieu un homme, et en plus un homme mort de façon violente (βιοθανῆ)? Car j'ai appris tous les détails des Juifs, quelle était sa famille et ce qu'il montra à leur race et comment il est mort crucifié" (*Mart. Conon.* 4, 6). Avant tout, les *biothanatoi* avaient une importance dans la magie noire et la nécromantie, "quod credibile uideatur eas potissimum animas ad uim et iniuriam facere quas per uim et iniuriam saeuus et inmaturus finis extorsit, quasi ad uicem offensae" (Tert., *Anim.* 57, 3). Ainsi s'explique le lien entre les deux parties du raisonnement de Pionios: Jésus étant mort crucifié, les Juifs prétendaient pouvoir évoquer son âme des Enfers (XIII.8), en citant comme parallèle l'évocation de Samuel par la pythonisse d'Endor. En général, Th. Hopfner, *Griechisch-Ägyptischer Offenbarungszauber* I (Leipzig, 1921), 82 s. 335, 83 s. 343, 85–86 ss. 354–56; Waszink sur Tert., *Anim.* 56, 8, 57 (p. 572–86); id. dans *RAC* II, 391–94; Gero, "Jewish Polemic."

4. εἰπάτωσαν: Mayser, *Grammatik* I, 1, 89; Gignac, *Grammar* II, 361.

4–6. Par cette série de questions rhétoriques, Pionios fait appel à des arguments traditionnels de l'apologétique chrétienne. Pour la première, la propagation de la foi à travers le monde, voir p. ex. Tert., *Apol.* 37, 4, "hesterni sumus, et orbem iam et uestra omnia impleuimus": Waszink sur Tert., *Anim.* 49, 3; A. Schneider, *Le premier livre Ad Nationes de Tertullien* (Rome, 1968), p. 116.

5. Cf. Or., *Cels.* II.42, "en voyant . . . l'Évangile prêché dans le monde entier, ses disciples partis annoncer sa doctrine à toutes les nations, leur procès devant gouverneurs et rois sans autre motif que son enseignement, nous sommes remplis d'admiration pour lui et nous fortifions chaque jour notre foi en lui" (trad. M. Borret, SC 132, p. 381).

6. Cf. Or., *Cels.* I. 67: le Juif imaginaire de Celse dit à Jésus, "Mais toi, qu'as tu présenté de beau ou admirable en oeuvres ou en paroles?" Origène répond: "l'oeuvre de Jésus, toute la terre des hommes la porte . . . De plus, le nom de Jésus chasse encore des hommes les égarements d'esprit, les démons et, aujourd'hui encore, les maladies" (*Cels.*, I.67, trad. M. Borret, SC 132, p. 265–67).

ἐν τῇ ἐκκλησίᾳ τῇ καθολικῇ. Encore une marque des rivalités entre orthodoxes et hérétiques à Smyrne; cf. sur II.1.

7. En effet, la définition du mot *biothanatoi* était loin d'être fixe: Tertullien n'y comprend que les exécutés (*Anim.* 56, 8, avec le commentaire de Waszink, p. 566–67): le philosophe néoplatonicien Damascius distingue entre ceux qui sont morts par accident, par exécution, et par suicide (L. G. Westerink, ed., *The Greek Commentaries on Plato's Phaedo* II [Amsterdam et New York, 1977], p. 366–68). Pour ἐξάγειν ἑαυτὸν τοῦ βίου et expressions semblables, LSJ s.v. ἐξάγειν I 2: ajouter Luc., *Peregr.* 4, ἐξάγειν τοῦ βίου διέγνωκεν ἑαυτόν.

8. λέγουσι δὲ καὶ νεκυομαντείαν πεποιηκέναι. Toute la phrase est comprise de travers par Musurillo; même Ronchey la traduit, "Dicono che sia stato un'opera di necromanzia a far risorgere Cristo con la croce," mais λέγουσι πεποιηκέναι doit être entendu, "ils disent qu'ils ont pratiqué la nécromantie," etc.: cf. Luc 24.24, ἦλθον λέγουσαι καὶ ὀπτασίαν ἀγγέλων ἑωρακέναι: Bauer[6], 951, I 1 b β. Bien compris aussi par Gero, "Jewish Polemic," 165. Pionios passe à la deuxième prétention des Juifs, qu'ils ont pu évoquer Jésus des Enfers et avec lui sa croix, autre preuve qu'il est en effet un criminel supplicié. Que Jésus lui-même ait été sorcier, et qu'il ait ressuscité les morts, c'était une opinion répandue (cf. Or., *Cels.* I.69, II.48); on disait de même de ses disciples contemporains (cf. Or., *Cels.* VI.14, 39–44). Les autorités religieuses d'Israël avaient beau lutter contre la magie, les Juifs d'époque romaine jouissaient d'une forte renommée comme magiciens; cf. Or., *Cels.* V.9, Simon, *Verus Israël*, ch. 12, Schürer, *History* III, 342–79.

La nécromantie est un phénomène complexe avec une longue histoire tant parmi les Grecs que les Juifs. On en distinguait plusieurs variétés, la ressuscitation du corps même, l'évocation des fantômes, l'interrogation de l'esprit d'un mort possédant un corps vivant (H. J. Rose et al., *Encyclopaedia of Religion and Ethics* IV [Edinburgh, 1911], 778, 797, 811–12; Hopfner, *RE* XVI [1935], 2218–33). La nécromantie juive, quoique défendue par la Torah, est attestée à l'époque byzantine par le *Livre des Mystères* (Sefer ha-Razim) (Schürer, *History* III, 347–50, surtout 349). D'après le *Martyre,* des Juifs de Smyrne avaient prétendu de longue date pouvoir évoquer le Christ, sans doute son fantôme: ce doit être un grief bien connu de la polémique entre les deux communautés. On trouve dans le *Talmud* l'histoire d'un certain Onqelos, neveu de l'empereur Titus, lequel évoqua Jésus par la nécromantie: Gero, "Jewish Polemic," 167–68. Cf. J. et L. Robert, *Amyzon,* 262 n. 16.

ἀνηγειοχέναι: Kurtz, "Lesefrüchte," 278, préfère ἀνηγηοχέναι, mais voir Gignac, *Grammar* II, 302.

μετὰ τοῦ σταυροῦ. Peut-être allusion à un autre canard au sujet des chrétiens, qu'ils adoraient la croix comme idole: Min. Fel., *Oct.* 9, 4, "qui hominem summo supplicio pro facinore punitum et crucis ligna feralia eorum caerimonias fabulantur, congruentia perditis sceleratisque tribuunt altaria," avec le commentaire de Clarke, p. 220.

9. γραφή, "passage des Écritures," cf. LSJ s.v. II 3, Shrenk, *TW* I, 752–75, Lampe s.v. A 1 b, Bauer[6], 331, 2 a.

τίς δὲ . . . μᾶλλον; Pionios touche habilement une faiblesse du raisonnement des Juifs: la magie étant interdite par la Torah, une telle insinuation ne pouvait venir que des transgresseurs. Cf. Or., *Cels.* V.9, après citation de Lév. 19.31, "il lui (à Celse) fallait donc ou bien s'abstenir totalement d'attribuer ces pratiques aux Juifs, s'il continuait à voir en eux des observateurs de la loi . . . ou bien les leur attribuer en prouvant qu'elles étaient le fait des Juifs transgresseurs de la loi (παρανομοῦντες)" (trad. M. Borret, SC 147, 35).

XIII.8–XIV.14. Après avoir affirmé qu'aucun écrit saint ne mentionne l'évocation du Christ par la magie, Pionios prend l'offensive, citant des mêmes écrits le récit de Saül et la pythonisse d'Endor (I Rois 28.7–19). Ce faisant il rejoint un débat déjà familier aux penseurs chrétiens, car l'histoire de la pythonisse leur posait un dilemme grave. D'une part, une lecture sans préconceptions du récit impliquait que c'était bien Samuel et non un fantôme qu'évoqua la pythonisse; mais il semblait s'ensuivre que même les justes restaient en Enfer et étaient au pouvoir des influences malignes, problème grave à une époque où l'on prenait très au sérieux le sort de l'âme après la mort et les pouvoirs de la magie. Dans cette controverse c'était un texte clef que l'homélie vouée par Origène à ce chapitre des Rois. La position prise par le théologien alexandrin n'est pas partagée par la majorité des commentateurs, y compris Pionios, mais pourtant sa discussion a des ressemblances remarquables avec celle du martyr de Smyrne, en sorte que certains ont supposé une source commune. En général, Waszink sur Tert., *Anim.* 57, 8 (p. 682–83); Kl. Thraede, *RAC* XIV, 1273–74; P. et M.-Th. Nautin, *Origène: Homélies sur Samuel,* SC 328 (Paris, 1986), 81–89.

XIV

2. Von Gebhardt (1902) changea ἐν τῇ ἐγγαστριμύθῳ en ἐν τῷ ἐ. pour se conformer au texte de I Rois 28.8, μάντευσαι δή μοι ἐν τῷ ἐ.: mais juste avant le texte porte ζητήσατέ μοι γυναῖκα ἐγγαστρίμυθον καὶ ζητήσω ἐν αὐτῇ (ib. 7). C'est une tournure fréquente des Septante qu' ἐπερωτᾶν ἐν τῷ θεῷ, ἐν κυρίῳ (Juges 18.5, 20.18, etc.): Pionios peut avoir entendu, "faire enquête au moyen de la pythonisse," cf. IV.14 avec n.

3. διπλοΐς. Pour le manteau double de Samuel, I Rois 2.9, 15.27, etc. Commentant le même passage, Origène voit dans la *diplois* le "vêtement sacerdotal" de Samuel (*In engastr.* 4, cf. 3): selon Eusèbe, on croyait que représentait Jésus une statue conservée à Césarée Panias laquelle montrait un homme "décemment revêtu d'une *diplois*" (*Hist. Eccl.* VII 18, 2). Pour les païens la *diplois* était une marque des Cyniques: cf. Diog. Laert., 6.13 sur Antisthène, πρῶτος ἐδίπλωσε τὸν τρίβωνα; en général, J.-F. Kindstrand, *Bion of Borysthenes* (Uppsala, 1976), 162.

4. Pour le dilemme, cf. Or., *In engastr.* 2, "Que dire? Ces choses sont-elles écrites (ἐγγέγραπται ταῦτα, cf. *Mart. Pion.* XIV 2)? . . . Si l'on dit qu'elles ne sont pas vraies, on encourage l'incroyance et cela retombera sur la tête de ceux qui le disent, mais si elles sont vraies, cela nous pose une question et fait un problème" (trad. P. and M.-Th. Nautin, SC 328, 177).

5. ἐπικατάρατοι. Pour l'Église dans ses premiers siècles, les Juifs étaient "maudits" à cause de leur incroyance et de leur rôle dans la mort

de Jésus: W. Speyer, *RAC* VII, 1274–75. Commentant le verset de Jérémie 11.4, "maudit (ἐπικατάρατος) soit l'homme qui n'entendra pas les paroles de l'alliance que j'ai prescrite à vos pères," Origène l'applique aux Juifs: "eux donc reçoivent la malédiction (τὸ ἐπικατάρατοι εἶναι)" (*In Jer.* 9.2, cf. P. Husson et P. Nautin, SC 232, p. 383). L'utilisation de la forme ἐπικατάρατος dans les textes judaïsants et chrétiens s'explique par l'influence des Septante, cf. Büchsel, *TW* I, 452; Robert, *CRAI* 1978, 249–50 (*OMS* V, 704–05).

7. ἡ ἄδικος ἐγγαστρίμυθος, ἡ δαίμων. La plupart des interprètes regardent la pythonisse comme porte-parole du Diable: ainsi Tert., *Anim.* 57, 9, "eundem spiritum et in pseudoprophetide et in apostata," avec le commentaire de Waszink, p. 583–84.

ἀναγαγεῖν . . . Ἀβράαμ. Cf. Tert., *Anim.* 57, 8, "absit ut animam cuiuslibet sancti, nedum prophetae, a daemoniis credamus extractam." La conception du "sein d'Abraham," d'origine juive, doit son développement dans la pensée chrétienne à la parabole de Lazare et du Mauvais Riche, Luc 16.19–31, surtout 23, ὁρᾷ Ἀβραὰμ ἀπὸ μακρόθεν καὶ Λάζαρον ἐν τοῖς κόλποις αὐτοῦ. De là vient l'idée du sein d'Abraham comme lieu de sainteté éternelle, réservé aux pieux défunts: R. Meyer, *TW* III, 825–26; W. Staerk, *RAC* I, 27–28.

9. La conception de l'esprit familier (δαίμων πάρεδρος, *daemon adsistens*) paraît assez tôt dans la pensée chrétienne: Waszink sur Tert., *Anim.* 28, 5 (p. 362–63); Clarke sur Min. Fel., *Oct.* 26, 9 (p. 312–13). Il n'y avait qu'un pas de l'identification de ces démons aux anges déchus, compagnons de Satan, de l'angélologie juive. Ceux-ci, rebelles (ἀποστάται) contre Dieu, sont les "anges de l'apostasie" qui, s'attachant aux magiciens, leur prêtaient leurs pouvoirs malins: cf. p. ex. Tert., *Apol.* 35, 2, "quas artes, ut ab angelis desertoribus proditas et a Deo interdictas, ne suis quidem causis adhibent Christiani": id., *Anim.* 2, 3, "apostata spiritus," avec le commentaire de Waszink, p. 105–6; Min. Fel., *Oct.* 26, 10, "magi non tantum sciunt daemonas, sed etiam quicquid miraculi ludunt, per daemonas faciunt"; cf. W. Gundel, *RAC* I, 828; J. Michl, *RAC* V, 194–95; C. D. G. Müller, *RAC* IX, 787–88. D'où le raisonnement de Pionios: lui-même étant apostat, Saül se mit au pouvoir des "anges de l'apostasie." La dernière phrase rappelle par sa forme Paul, II Thess. 2.3, ἐὰν μὴ ἔλθῃ ἡ ἀποστασία πρῶτον, . . . καὶ ἀνακαλυφθῇ ὁ ἄνθρωπος τῆς ἀνομίας;

dans Justin, *Dial.* 110, 2, cela devient ὁ τῆς ἀποστασίας ἄνθρωπος, cf. Schleier, *TW* I, 511.

παντὶ φαρμάκῳ καὶ μάγῳ καὶ γόητι καὶ μάντει. Pour φάρμακος, forme tardive de φαρμακεύς et différent de φαρμακός, "bouc émissaire, scélérat," LSJ s.vv. Des quatre mots, les deux premiers sont souvent conjoints pour signifier les magiciens employeurs de drogues ou poisons et ceux qui employaient des charmes ou incantations: cf. Pseudo-Phocylide 149, φάρμακα μὴ τεύχειν, μαγικῶν βίβλων ἀπέχεσθαι, avec le commentaire de P. W. van der Horst (*The Sentences of Pseudo-Phocylides* [Leyde, 1978], 212–13). γόης s'entend souvent comme "faiseur d'illusions," d'où le sens de "charlatan": Delling, *TW* I, 737–38; pour les miracles de Moïse et de Jésus vus comme une espèce de γοητεία, Or., *Cels.* I.26, 68, II.49, 55, etc. Par μάντις on entend toute sorte de devin, prophète, mais dans l'usage chrétien on le réservait aux prophètes païens, προφήτης désignant les chrétiens: cf. Kramer, *TW* VI, 789–90, AG s.v. μαντεύομαι, μάντις.

10. καὶ οὐ θαυμαστόν . . . δικαιοσύνης. Même citation de II Cor. 11.14–15 pour prouver que la pythonisse n'évoqua pas Samuel lui-même dans Tert., *Anim.* 57, 8, Or., *In engastr.* 4 (SC 328, 182).

ἐπεὶ πῶς . . . φανήσεται. Après avoir lu ἐπεί πως en 1896, plus tard von Gebhardt adopta ἐπεὶ πῶς: cf. Rom. 3.6, ἐπεὶ πῶς κρινεῖ ὁ θεὸς τὸν κόσμον; "car autrement comment Dieu jugera-t-il le monde?" Cf. Bauer[6], 1464, 1 d.

11. οὐχ ὅτι . . . ἀλλὰ . . . Pour ce sens, "non pas que . . . , mais en vérité . . . ," cf. Bauer[6], 1192, c.

τῷ ἀποστάτῃ Σαουλ; cf. I Rois 15.11, ἀπέστρεψεν ἀπὸ ὄπισθέ μου; Tert., *Anim.* 11, 5, "Saül . . . quem et mali spiritus postea uertit in alium uirum, in apostatam scilicet"; 57, 9 (ci-dessous).

δαίμονες . . . ἑαυτούς. Pareil raisonnement dans Tert., *Anim.* 57, 9, "eundem spiritum et in pseudoprophetide et in apostata facile mentiri quod fecerat credi": il est vigoureusement combattu par Origène, *In engastr.* 3.

12. ὁ ὀφθεὶς Σαμουήλ, "lui qui paraissait être Samuël." Ce sens de ὁρᾶσθαι, négligé par les lexiques, se trouve parfois à l'époque romaine: e.g. Cass. Dion, 59, 12, 3, καὶ τοῦτο παραχρῆμα μὲν ἐν οὐδένι λόγῳ ὤφθη, ὕστερον δὲ ἔδοξεν οὐκ ἀθεεὶ γεγονέναι.

13. εἰδωλολάτρης. Pionios paraît faire allusion à la consultation par Saül de la pythonisse: pour εἰδωλολατρεῖν appliqué à la consultation d'oracles païens, Hermas, *Mand.* 11, 4 (Bauer[6], 446 s.v. εἰδωλολάτρης). ἄρα οὖν: cf. Bauer[6], 209, 4.

14. ἀναλαμβανόμενον. Terme technique pour l'ascension depuis II Rois 10.11, cf. Bauer[6], 111, 1. Ici il fait contraste avec ἀνερχόμενον: pour ἀνέρχομαι appliqué aux revenants des Enfers, LSJ s.v. I 1.

15. Pionios se rend compte que cette longue exégèse qu'il vient de faire, en homme cultivé, en rhéteur raisonnant, est au-dessus des capacités de son troupeau; il leur conseille donc de rompre et de répondre de toute autre façon. Il leur insuffle sa fierté, et contraste la transgression forcée des *lapsi* (cf. XII.2) avec les péchés historiques du peuple d'Israël: cf. déjà son adresse aux Juifs eux-mêmes, IV.10–12.

ἀντιτιθέναι: pour ce sens, "répondre," LSJ s.v. I 3.

ἐκπορνευσάντων καὶ εἰδωλολατρευσάντων. Dans l'Ancien Testament, (ἐκ)πορνεύειν signifie souvent la prostitution spirituelle, l'infidélité des Juifs envers leur Dieu: Hauck-Schulz, *TW* VI, 586. Dans les Pères, on applique l'idée ou à l'apostasie en général ou à la Synagogue comme femme infidèle du Christ: Lampe s.v. ἐκπορνεύω I β, πορνεύω 8. Pour les Juifs comme idolâtres, au sens historique et comme ennemis du Christ, Jus., *Dial.* 93, 4, εἰδωλολάτραι πάντοτε καὶ φονεῖς τῶν δικαίων εὑρίσκεσθε, ὡς καὶ μέχρις αὐτοῦ τοῦ Χριστοῦ τὰς χεῖρας ἐπιβαλεῖν ὑμᾶς καὶ μέχρι νῦν ἐπιμένειν τῇ κακίᾳ ὑμῶν (Lampe, s.v. εἰδωλολάτρης).

16. συγκατάθεσθε. Courant depuis l'époque hellénistique au sens d'"être en accord," souvent avec la notion de "faire la volonté" de quelqu'un: LSJ s.v. συγκατατίθημι: e.g. *Syll*[3] 742, 5 (*Inschriften von Ephesos* 8), ἀσμένως καὶ ἑκουσίως συνκαταθέμενοι τῶι δήμωι; *Suz.* 20 (Theod.), (les deux vieillards s'adressant à Suzanne), συνκατάθου ἡμῖν καὶ γενοῦ μεθ' ἡμῶν. D'où Hippolyte, *Comm. in Dan.* 1, 20, 3 (SC 14, 109), les païens et les Juifs conspirent contre l'Église disant, "Faites notre volonté (συγκατάθεσθε ἡμῖν) et honorez les dieux: sinon, nous témoignerons contre vous."

ἐν ἀπογνώσει γενόμενοι. Pour le désespoir comme péché chrétien, Lampe s.v. ἀπόγνωσις; R. Verney, *Dictionnaire de Spiritualité* III, 63–64.

προσμείνατε τῷ Χριστῷ: cf. Actes 11.23, προσμένων τῷ Κυρίῳ; LSJ s.v. προσμένω I 2.

πάλιν: peut-être dans un sens plus faible que "de nouveau," équivalent à ἀναδέξασθαι: cf. XV.4, ἀπῆλθον . . . καὶ πάλιν ἦλθον, "ils revinrent."

XV

1. λαλήσαντος. D'abord "babiller," ensuite "prendre voix," ce mot ne reçoit le sens de "parler" qu'à l'époque hellénistique: fréquent chez les Septante, il reste plus en faveur dans le grec juif et chrétien que dans le païen: Debrunner, *TW* IV, 75–76, Bauer⁶, 940–42.

ἐπισπουδάσαντος: dans ce sens rare dans la littérature païenne, mais comme λαλεῖν fréquent chez les Septante et les Pères: *Thesaurus* s.v.

ὁ ἵππαρχος. Les hipparques les mieux connus sont ceux d'Athènes, où à l'époque classique et hellénistique ils veillaient sur la sécurité du territoire et des frontières à la tête des *hippeis:* Xen., *Hipp.*; Arist., *Const. Ath.* 61, 4; Habicht, *Ath. Mitt.* 76 (1961), 127–43, décret des *hippeis* en l'honneur d'un hipparque de 187/6. Le titre est fort rare dans les villes d'Asie Mineure (J. et L. Robert, *La Carie* II [Paris, 1953], 105), mais à Smyrne, supposée colonie d'Athènes, l'hipparchie était parmi les magistratures les plus prestigieuses: Cadoux, *Ancient Smyrna,* 199–200; Petzl, *Inschriften,* no. 641, 5; 644, 5; en général, A. H. M. Jones, *The Greek City* (Oxford, 1940), 213. Lors du martyre de Polycarpe, des diogmites et chevaliers (*hippeis*) viennent chercher le vieillard qui se cache près de la ville (*Mart. Polycarpi* VII.1, cf. V.1), mais cette fois-là c'est l'irénarque qui le prend en charge (ibid. VI.2, cf. O. Hirschfeld, *Kleine Schriften* [Berlin, 1913], 607).

μετὰ διωγμιτῶν: cf. s. 7, XVIII.10. Les diogmites étaient des assistants des magistrats en matière de sécurité; on croyait jadis qu'ils étaient à cheval (ainsi Hirschfeld, loc. cit.), mais toutes les références en parlent comme simples gendarmes, allant à pied et légèrement armés de bâtons ou massues: cf. *Mart. Polycarpi* VII.1 (ci-dessus), διωγμεῖται καὶ (n.b.) ἱππεῖς; L. Robert, *BCH* 52 (1928), 407–9 (*OMS* II, 878–80); id., *Ét. anat.,* 102–3 avec pl. II 2; C. P. Jones, *Illinois Classical Studies* 12 (1987), 179–80; P. Herrmann sur *TAM* V, no. 1326. On remarquera que la police locale cède la place aux officiers et soldats romains après l'arrivée du proconsul: XIX.1, 2.

ὄχλου πολλοῦ: sans doute de citoyens, non de soldats: pour l'intérêt du peuple pour le sort de Pionios et de ses compagnons, III.6–7, VII.1, X.1 (même phrase qu'ici), XI.1.

2. ἴδε: pour cette interjection, dérivée de l'impératif de εἶδον et employée même avec un sujet au pluriel, Bauer[6], 750.

προεστώς: προστῆναι, très fréquent à toute époque pour signifier "diriger," "être chargé de" (p. ex. C. P. Jones, *Chiron* 12 [1982], 141 avec n. 27), ne l'est pas moins dans le grec chrétien, cf. I Tim. 5.17, οἱ καλῶς προεστῶτες πρεσβύτεροι: Bauer[6], 1415, προΐστημι 1. Ici il a un sens non technique, bien adapté à un païen, "votre chef": cf. Luc., *Peregr.* 11, Pérégrinos "chef" (προστάτης) des chrétiens. Pour Euktémon "le fourbe," XVI.1, XVIII.13: il doît être l'évêque, et on sait que pour obtenir l'adhésion des chrétiens à l'ordonnance de Dèce on a commencé par le clergé supérieur: Cypr., *Ep.* 55, 9, "tyrannus infestus sacerdotibus Dei"; Leclercq, *DACL* IV, 315; Clarke, *Cyprian* I, 182–83; III, 177–78.

πείσθητε, "obéissez": cf. sur III.4.

ἐρωτῶσιν: d'abord "interroger," plus tard aussi "prier" (quelqu'un), "demander" (quelque chose); dans les papyrus ce mot peut avoir le sens d'"appeler," "inviter": Preisigke, *Wörterbuch* s.v. 3, qui cite *BGU* II, 596, 9 (84 p. C.), ἐρωτηθεὶς κατελθών.

Λέπιδος. Son titre n'est pas donné, mais à en juger de XVI.2, il doit être un magistrat de la ville; le plus probable est l'ἀρχιερεύς, le prêtre du culte municipal des empereurs, lequel manque difficilement dans cet acte du culte impérial: cf. sur VIII.4. Sur ce prêtre à Smyrne, Petzl, *Inschriften*, no. 697, 45, peut-être 772, 6; W. Peek, *Griechische Vers-Inschriften* (Berlin, 1955–57), 577, un jeune Smyrnien mort à Rome qui est appelé avec emphase fils d'un grand-prêtre de l'Asie, *Bull. épig.* 1972, 632. Cf. L. Robert, *Antiquité Classique* 35 (1966), 414 n. 3 (*OMS* VI, 38), spécialement sur Aphrodisias; en général, Price, *Rituals and Power,* Index s.v. "priests of emperor, civic."

ἐν τῷ Νεμεσείῳ: voir introduction et commentaire sur VI.3. Ronchey traduit "nel tempio delle Nemesi": il s'agit plutôt du sanctuaire (ἱερόν), car le sacrifice a lieu à l'autel (XVI.1), donc en plein air.

3. Dans la réponse de Pionios, on observe ses qualités de juriste, et aussi son sang-froid: en deux phrases il accuse les magistrats municipaux d'illégalité, et d'illégalité contre le pouvoir impérial, d'usurpation dans la justice criminelle.

τοὺς βληθέντας . . . ἀνθύπατον. Cette phrase n'est pas à entendre dans un sens absolu, car les cités ont dû retenir le pouvoir d'emprisonnement en cas de délits mineurs et de dettes même à l'époque impériale (ainsi pour l'Égypte R. Taubenschlag, *Opera Minora* [Varsovie, 1959], 713–19). Ce qui compte ici, c'est que les accusés de "crime public" ont dû attendre le jugement du gouverneur ayant le pouvoir de châtiment capital, le *ius gladii*: cf. P. D. Garnsey, *JRS* 58 (1968), 51–59. Selon le raisonnement de Pionios, les chrétiens ayant désobéi à l'ordre impérial, leur cas dépassait la compétence des magistrats de Smyrne. Cf. aussi sur XVI.6.

ἀκόλουθον, "il est conforme, de règle": Preisigke, *Wörterbuch* s.v. cite *POxy* IX 1186, ἐλευθέρους δὲ ἄνδρας τοιαύτην ὕβρειν ὑπομένειν οὔτε τοῖς νόμοις ἀκόλουθόν ἐστιν ἀδικείαν τε ἔχον ἐστίν.

περιμένειν. Pour les délais entraînés par le système des tournées judiciaires (cf. XIX.1), voir G. P. Burton, *JRS* 65 (1975), 99–102; D. Feissel et J. Gascou, *CRAI* 1989, 547. Cf. *PMich* VIII 431, un citoyen d'Oxyrhynchos écrit d'Alexandrie pour expliquer que son procès n'est pas encore jugé, car le dernier *archidikastès* a démissionné καὶ τὸν μέλλοντα περιμένομεν.

τὰ ἐκείνου μέρη. Dans le grec officiel du IIIᵉ s., μέρη est technique pour "ressort," "compétence": Preisigke, *Wörterbuch* s.v. I g (col. 73–74); M. Christol, *ZPE* 22 (1976), 173–74; Feissel et Gascou, art. cit. 553, "spécialement au IIIᵉ siècle." ἐπιτρέπειν est souvent employé au sens de "confier" un office, mais avec le réfléchi il semble avoir une nuance défavorable, "s'octroyer": cf. Cass. Dion, XLVIII 54, 6, (les triumvirs) ἑαυτοῖς τὴν ἡγεμονίαν . . . ἐπέτρεψαν.

4–5. La répartie de Pionios est si forte que les autorités de police sont désarçonnées et s'en vont. Après être revenus, ils n'ont d'autre moyen qu'un total mensonge, mais Pionios connaît la procédure criminelle, et là encore il a la brève réponse décisive. L'hipparque s'en tire par un second mensonge: l'envoyé a un grade tel que Pionios a de l'audace de vouloir qu'il se dérange.

4. πάλιν ἦλθον: équivalent à ἀνῆλθον, cf. sur XIV.16, δέξασθαι πάλιν.

πέπομφεν. Pour cet emploi absolu, LSJ s.v. πέμπω I 4, Bauer⁶, 1294, 2, avec citation de *PGiss* I 27, 6, πρὸς σὲ ἔπεμψα ἵνα τὸ ἀσφαλὲς ἐπιγνῶ. Dans le *Martyre*, ἵνα paraît avoir un sens à la fois final et impératif, cf. LSJ s.v. ἵνα II 1, Bauer⁶, 766 a δ; ce dernier cite Actes 16.36, ἀπέσταλκαν οἱ στρατηγοὶ ἵνα ἀπολυθῆτε.

εἰς Ἔφεσον. Capitale administrative de la province et résidence du proconsul, mais ici il se peut que le proconsul soit là en train de faire sa tournée (XIX.1), car entre Smyrne et Éphèse il n'a pu y avoir un autre centre de *conuentus,* même au milieu du IIIe s. Sur les *dioikeseis* d'Asie et leur multiplication sous l'empire, Robert, *Hellenica* VII, 226–32, Ch. Habicht, *JRS* 65 (1975), 67–71, Herrmann à propos de *TAM* V, 943, 7–9.

5. ἀλλὰ πρίνκιψ ἐστὶν ἀξιόλογος. Toute cette phrase respire le grec officiel de son époque. Dans le système administratif romain, le mot *princeps* désigne non seulement l'empereur mais d'autres personnes aussi; sur le plan provincial, le *princeps* est un militaire attaché au gouverneur pour avoir charge de son bureau, πρίνκιψ ἡγεμονίας (ἐξουσίας, ὀφηκίου) τοῦ δεῖνος: Domaszewski, *Rangordnung*², 97–98; Grenfell et Hunt sur *POxy* XIV 1637, 10; A. H. M. Jones, *JRS* 39 (1949), 44 (*Studies in Greek and Roman Government and Law,* 167); Daris, *Lessico latino,* 96. C'est lui que doit entendre l'hipparque ici (comme l'a bien relevé Hilhorst ad loc., p. 470): "tiens, le gouverneur a envoyé son chef de bureau pour apporter son ordonnance, tu veux qu'il vienne en personne pour te chercher?"

ἀξιόλογος: terme de courtoisie fréquent à partir du IIe siècle, cf. Preisigke, *Wörterbuch* s.v. I, "achtungswert": au superlatif il devient un titre honorifique, connu particulièrement au IIIe s.: Preisigke, *Wörterbuch* III, Index 9 s.v. ἀξιολογώτατος; noter *POxy* XIV 1637, 10, Δημητρίου ἑκατοντάρχου τοῦ ἀξιολογωτάτου πρίνκιπος τῆς ἡγεμονίας; L. Robert, *Nouvelles inscriptions de Sardes* (Paris, 1964), 56.

6. τὸ μαφόριον. Mot d'origine sémitique (racine 'pr), qui paraît en grec et en latin à partir de l'époque romaine sous des formes différentes, dont celle-ci est la plus fréquente (μαφόρτιν, μαφόρτης, μαφάριν, *mafortium, maforte*): aussi dans le composé δελματικομαφέρτιον, etc., pour désigner une espèce de tunique longue avec capuchon. En principe le *mafortium* est un drap couvrant la tête et les épaules: les textes littéraires en parlent surtout comme d'un vêtement de femme (cf. μαφόρτια γυναικεῖα dans le Tarif de Dioclétien), et plus tard de moine, mais d'après les papyrus les hommes ordinaires aussi pouvaient le porter. Ici il ne semble pas être un vêtement sacerdotal; on en fait mention pour expliquer le geste agressif de l'hipparque. Preisigke, *Wörterbuch* s.v. ("Kopfschleier, Kopftuch"); A. Bazzero, *Studi della Scuola Papirologica* 2 (1917), 95–105 (meilleure discussion); LSJ s.v. μαφόριον, μαφόρτης, et Suppl. s.v. μαφάριν; *TLL* s.v. *mafortium;* Lampe s.v. μαφόριον; Daris, *Lessico latino* s.v. μαφόριον, etc.; S. Lauffer, *Diokletians Preisedikt* (Berlin, 1971), 278 (sur 29.29).

7. εἰς τὴν ἀγοράν: cf. s. 2, ἐν τῷ Νεμεσείῳ, XVI.1, παρὰ τὸν βωμόν. Ces passages sont essentiels pour montrer que le sanctuaire des Néméseis donnait sur l'Agora; voir l'Introduction.

εἰδωλεῖον: cf. sur VI.3.

Pour de pareils cas de résistance physique lors de la persécution décienne, Cypr., *Ep.* 24, "mulier nomine Bona, quae tracta est a marito ad sacrificandum"; 55. 13, "qui reluctatus et congressus diu ad hoc funestum opus necessitate peruenit," avec le commentaire de Clarke, *Cyprian* I, 348–49; III, 185–86.

XVI

1. παρὰ τὸν βωμόν: pour παρά dans de tels contextes, P. Charneux, *BCH* 111 (1987), 207–23; sur la question topographique cf. ci-dessus, sur XV.2. Le hasard a voulu que parmi les faibles restes du Néméseion trouvés à l'Agora de Smyrne soit un petit autel dédié au IIᵉ ou IIIᵉ s. (Petzl, *Inschriften,* no. 741): cf. planche VI.

ᾧ von Gebhardt: ὡς M.

εἰδωλολατρικῶς: un hapax, semble-t-il (Lampe, s.v.): cf. sur εἰδωλεῖον, XV.7.

3. ποῖον, "Quel dieu . . . ?," non pas "What sort of God . . . ," comme le traduit Cadoux, *Ancient Smyrna,* 394; cf. VIII.3 avec la note.

τὸν ποιήσαντα . . . ἐν αὐτοῖς. Pareille réponse, VIII.3, IX.6: voir sur VIII.3.

La question de l'hipparque s'explique parce que les païens voyaient souvent en Jésus, dont ils ne savaient rien que la crucifixion, le Dieu suprême des chrétiens. Cf. Luc., *Peregr.* 11, "les chrétiens l'adoraient (Pérégrinos), c'est-à-dire en deuxième lieu après celui qu'ils vénèrent aujourd'hui, ce sophiste-là crucifié en Palestine"; Hengel, *Crucifixion,* 1–10; Clarke sur Min. Fel., *Oct.* 9, 4.

4. ὃν ἀπέστειλεν . . . τοῦ κόσμου. Dans le Nouveau Testament, ἀποστέλλω signifie "envoyer à une telle fin," tandis que πέμπω est "envoyer" sans plus: cf. Rengstorf, *TW* I, 402–5; e.g. I Jean 4.9, τὸν υἱὸν τὸν μονογενῆ ἀπέσταλκεν ὁ θεός.

5. Pour les rires des païens, cf. VII.4. καταράομαι est la seule forme du verbe à paraître dans le Nouveau Testament, où il prend toujours l'accusatif: hors de la Bible le datif est plus normal: Büchsel, *TW* I, 449.

αὐτῷ désigne évidemment Pionios, pas le Christ, comme l'entend Musurillo.

6. θεοσέβειαν . . . τιμήσατε. Phrase rhétorique, avec asyndète et homéotéleute; dans la suivante noter la brachylogie frappante πειθομένους . . . ἀπειθεῖτε, κολάζετε . . . κολάζειν.

θεοσέβειαν: mot relevant de la moralité grecque aussi bien que chrétienne, cf. Xen., *Anab.* II 6, 26, ἀγάλλεται ἐπὶ θεοσεβείᾳ καὶ ἀληθείᾳ καὶ δικαιότητι; rare dans le Nouveau Testament, fréquent chez les Pères (Bertram, *TW* III, 124–28; Lampe, s.v.).

Sur la "justice," cf. sur XVII.3.

τὸ ὁμοιοπαθὲς ἐπίγνωτε. Encore un mot bien adapté pour persuader un auditoire païen; ainsi Paul et Barnabé aux gens de Lystra, καὶ ἡμεῖς ὁμοιοπαθεῖς ἐσμεν ὑμῖν ἄνθρωποι: dans un contexte martyrologique, IV Macc. 12.15 (le garçon juif au roi Antiochos), "tu n'as pas eu honte, bête féroce, de couper les langues à ceux qui ont les mêmes sensations que toi (ὁμοιοπαθεῖς) et qui sont formés des mêmes éléments?" (Michaelis, *TW* V, 938–39).

κολάζειν . . . οὐ βιάζεσθαι: cf. VIII.1, κεκέλευσαι ἢ πείθειν ἢ κολάζειν; XVIII.2, μὴ βιάζου. Encore une fois (cf. XV.3), Pionios parle comme rhéteur autant que comme juriste: il peut bien avoir raison en disant que l'ordonnance de Dèce n'obligeait pas les magistrats municipaux à employer la force. Il n'en est pas moins vrai qu'on procéda ailleurs exactement comme à Smyrne: cf. Eus., *Hist. Eccl.* VI 41, 11 et les passages de Cyprien cités à propos de XV.7.

XVII

1. ῾Ρουφῖνός τις τῶν ἐν τῇ ῥητορικῇ διαφέρειν δοκούντων. Sont connus deux sophistes smyrnéens du nom de Claudius Rufinus. L'aîné était maître d'Hermocrate de Phocée vers 200 (Philostr., *Vitae Sophist.* II 25, 1, p. 110 K.). Beaucoup de monnaies ont été frappées lors de sa *stratégia* de la ville, et Dietrich Klose les a datées entre 198 et 202 (Klose, *Münzprägung*, 70 ["200" est un lapsus], 271, 274–76, 284–85). En outre une lettre adressée par Sévère et Caracalla à la ville fait mention de sa *stratégia* et doit être datée avant l'an 209/10 (*Syll.*³ 876; Petzl, *Inschriften,* no. 602; James H. Oliver, *Greek Constitutions of Roman Emperors* [Philadelphia, 1989], no. 255). Le deuxième Rufinus est connu, lui aussi comme stratège, par des monnaies de Smyrne du règne de Gordien (Klose, p. 72,

307–8, 310); il s'agit sans doute d'un fils de l'autre. Cadoux, *Ancient Smyrna*, 269 n. 2, suivi par L. Robert, *À travers l'Asie Mineure*, 423, a bien vu que celui-ci est le Rufinus du *Martyre*. Bon résumé de la question dans Petzl, *Inschriften* II, p. 94; c'est une régression que la discussion de Lane Fox, *Pagans and Christians*, p. 465–67.

παρεστώς: certes, Rufinus a pu venir avec la foule, mais il y a une autre raison pour qu'il soit là, à l'Agora de Smyrne. On savait déjà, d'après une histoire rapportée par Philostrate, qu'il y avait à l'Agora de Smyrne un sanctuaire (*hieron*) fréquenté par les rhéteurs: Hippodromos de Thessalie, venu à Smyrne, "après avoir débarqué de son navire, se rendit à l'agora afin de rencontrer quelqu'un de bien instruit sur la localité. Voyant un sanctuaire près duquel s'asseyaient des (esclaves) pédagogues," etc. (Philostr., *Vitae Sophist.* II 27, 5, p. 118, 11–16 K.: cf. Naumann, "Die Agora," 74 n. 7). Ce sanctuaire qui servait aussi comme école, ce doit être le Mouseion mentionné dans une inscription de Smyrne comme dépôt d'archives (Robert, *Ét. anat.*, 147–48; Μουσεῖον καὶ Βιβλιοθήκη τῆς Εὐαγγελικῆς Σχολῆς II, 2–3 [1878], 37, no. σμη'; manque dans Petzl, *Inschriften*). Il est arrivé que lors des travaux de canalisation effectués dans la petite place au sud de la fouille de l'Agora, on a trouvé des "degrés de marbre d'un théâtre, ou d'un édifice ressemblant à un théâtre" ("Marmorstufen eines Theaters oder eines theaterähnlichen Gebäudes," Naumann, "Die Agora," 74). Cet édifice fait sans doute partie du sanctuaire mentionné par Philostrate, le Mouseion de l'inscription. Tout près était situé le grand sanctuaire de la ville, le Néméseion (Introd., p. 9); une fois reconnue la proximité de ces deux édifices, on comprend mieux comment il plut à un philosophe d'ajouter une salle (οἶκος) au Néméseion (Petzl, *Inschriften*, no. 725). À noter aussi la statue d'Aelius Aristide à l'Agora, Philostrate, *Vitae Sophist.* II 4, p. 87, 8–9 K., Petzl, *Inschriften*, no. 901.

μὴ κενοδόξει. Le mot κενοδοξεῖν a deux sens, tirés de deux sens de δόξα, "être vaniteux" et "avoir des notions fausses," "se tromper" (cf. LSJ s.v. 1, 2): dans ce sens-ci il devient un terme de la polémique philosophique. Ici le traducteur latin a entendu le premier sens (p. 196), "quid inanem gloriam uana iactatione praesumis," et à la suite beaucoup des modernes: mais Cadoux a traduit (p. 395), "don't believe such rubbish," Musurillo, "don't be a fool." La traduction de Cadoux est la plus proche. Pour ce sens comparer Polybe sur les philosophes sceptiques qui passent leur vie "en théorisant vainement sur les inventions inutiles et para-

doxales" (περὶ τὰς ἀνωφελεῖς καὶ παραδόξους εὑρεσιλογίας κενοδοξοῦν-
τας, XII 26 b 4). Dans IV Macc. 5.9, le roi Antiochos essaie de persuader
le juif Eléazar: "tu me paraîtras faire une chose des plus sottes, si à cause
d'idées fausses sur la vérité (κενόδοξον περὶ τὸ ἀληθές) tu me méprises
afin de te faire punir; ne te réveilleras-tu pas de votre sotte philosophie
(φλυάρου φιλοσοφίας)?" À Milet vers 200 de notre ère un philosophe pla-
tonicien prétend n'avoir point vécu selon des κεναὶ δόξαι, autrement dit
"les doctrines hédonistes et athéistes d'Épicure" (Peek, *Gr. Vers-Inschr.,*
2018, 5–8, avec la discussion de Robert, *Hellenica* XI–XII, 484–86).
Dans le *Martyre,* tout cela est très bien placé dans la bouche de Rufinus,
homme cultivé et rhéteur illustre: ces théories des chrétiens, on ne saurait
les prendre au sérieux. Pour κενοδοξεῖν dans le même sens, cf. *Mart.
Polycarpi* X.1, où le saint s'adresse au proconsul, "si tu as la sottise de
croire (κενοδοξεῖς) que je vais jurer par la fortune de l'empereur," etc.

2. αὐταί σου αἱ ῥητορεῖαι; ταῦτά σου τὰ βιβλία: les ῥητορεῖαι sont
des "discours d'apparat," comme le montrent les exemples dans le *Thesaurus,* beaucoup plus variés que dans LSJ. Rufinus est sophiste et fils
d'un sophiste à Smyrne, capitale de la Seconde Sophistique (cf. Robert,
Ét. anat., 147); "tes livres" ne sont pas sans doute "les livres que tu
possèdes," "ta bibliothèque," mais "les livres que tu as écrits": il a dû
publier des discours ou des traités d'éloquence.

2–3. À l'époque des persécutions, Socrate est cité par les chrétiens
comme exemple de philosophe injustement condamné, et aussi de justice
et fermeté (δικαιοσύνη καὶ καρτερία). Ainsi Pérégrinos de Parion, empri-
sonné comme chrétien, était appelé par les fidèles "un nouveau Socrate"
(Luc., *Peregr.* 12); sous Commode le martyr Apollonios cite la condamnation de Socrate comme préfiguration de celle du Christ (*Acta Apoll.* 41).
En général, Clarke, *Minucius Felix,* 240; Kl. Döring, *Exemplum Socratis,
Hermes* Einzelschr. 42 (1979), ch. 7, "Das Beispiel des Sokrates bei den
frühchristlichen Märtyrern und Apologeten."

3. Anaxarque d'Abdère, sceptique, mort cruellement aux mains de
Nicocréon, tyran de Salamine de Chypre. Celse le cite comme exemple de
mort héroïque, et Origène en répondant le nomme à côté de Socrate (Or.,
Cels. VII.53, 56: cf. Chadwick, *Origen, Contra Celsum,* p. 439 n. 8).
D'autre part Origène en dit qu'il n'eut d'admirable que sa mort (VII.54),
et la tradition le connaît avant tout comme compagnon et flatteur d'Alex-

andre le Grand: J. R. Hamilton, *Plutarch, Alexander: A Commentary* (Oxford, 1969) sur Alex. XXIX, 4, ὁ σοφιστής. On peut donc suspecter un lapsus, plutôt du texte original que d'un copiste: Pionios aurait pensé a Anaxagore, ami de Périclès, accusé par les Athéniens d'athéisme et exilé. A son sujet, Diog. Laert., II 6–15; Pease sur Cicéron, *De Nat. Deorum* I 26 (p. 211). Origène le nomme respectueusement comme maître d'Euripide (*Cels.* IV.77, VII.36); Lactance réfute longuement un de ses dictons, qu'il soit né pour voir le ciel et le soleil (Lact., *Div. Inst.* III, 9, 4–18, CSEL XIX, p. 199–201); de même Augustin, "miror cur Anaxagoras reus factus sit, quia solem dixit esse lapidem ardentem, negans utique deum, cum in eadem ciuitate gloria floruerit Epicurus uixeritque securus" (*Civ. Dei* XVIII 41). Dans le *Martyre,* cela va bien avec Socrate et Aristide le Juste, tous les trois personnifications de la vertu injustement persécutée par les Athéniens, eux-mêmes citoyens de la ville de la culture grecque par excellence.

φιλοσοφίαν καὶ δικαιοσύνην καὶ καρτερίαν. Selon Clément d'Alexandrie, seule la philosophie donnait accès à la δικαιοσύνη avant la Parousie (Clem., *Str.* I 5, 6, 6; Lampe, s.v. δικαιοσύνη B 7 b).

ἀσκεῖν s'applique à tout "exercice" des vertus (pour δικαιοσύνην ἀσκεῖν, Hermas, *Mand.* 8, 10; Lampe s.v. ἀσκεῖν 2), mais sous la plume d'un chrétien le mot rappelle surtout la maîtrise de soi, l'ascétique.

XVIII

1. τῶν ἐν ὑπεροχῇ καὶ δόξῃ κοσμικῇ. ὑπεροχή signifie "office," "autorité"; cf. Delling, *TW* VIII, 525, Bauer[6], 1677 s.v. ὑπεροχή 2, avec citation de I Tim. 2.2, ὑπὲρ βασιλέων καὶ πάντων τῶν ἐν ὑπεροχῇ ὄντων; Peterson, *Frühkirche,* 112. Cf. aussi *PMasp* I 67004, 5 (VIe s.), ὑμᾶς τοὺς ὑπεροχωτάτους καὶ ἐνδόξους.

κοσμικῇ. Cf. Sasse, *TW* III, 897–98, "Der Sprachgebrauch des Urchristentums bezeichnet mit κοσμικός etwas, was dieser irdischen Welt gehört, wobei entweder die Vergänglichkeit oder die Gottfeindlichkeit des κόσμος anklingt."

κρᾶζε, "parler à haute voix": cf. XV.7, κραζόντων μεγάλῃ φωνῇ.

2. ἑαυτοῖς, "de nous-mêmes:" voir sur IV.13. En effet certains des martyrs se sont jetés dans les flammes; ainsi la vierge Apollonia d'Alexandrie juste avant la persécution de Dèce, laquelle συντόνως ἐπεπέδησεν εἰς τὸ πῦρ καὶ καταπέφλεκται (Euseb., *HE* VI 41, 7; F. Dölger, *Antike und*

Christentum 1 [Münster in Westfalen, 1929], 257–59). Le même trait se rencontre déjà dans les récits sur les sages indiens: ainsi Cic., *De div.* I 23, 47, "Calanus Indus, cum inscenderet in rogum ardentem"; à leur instar, Pérégrinos Proteus, Luc., *Peregr.* 1, 4, etc.; Dölger, art. cit. 263–70.

3. οἴδατε. Sur cette forme, très fréquente à partir du IIIᵉ s. av. J. -C., Mayser, *Grammatik* I, 2, 149; Gignac, *Grammar* II, 410–11.

ἀνασοβεῖν, "inciter." Voir les exemples dans le *Thesaurus* et dans LSJ; e.g. Plut., *De aud.* 44D, un claqueur "gêne les auditeurs en les incitant (ἀνασοβῶν) et les faisant se lever malgré eux."

θύειν, "sacrifier" tout court, à la différence de ἐπιθύειν, "sacrifier en l'honneur de quelqu'un" (III.1, 2, IV.1, 3, etc.).

4. διασπῶντες: non pas "le strapparano del capo" (Ronchey) mais "les déchirèrent," les couronnes étant composées de feuillage ou de fleurs. On peut interpréter ce geste comme un acte symbolique, du moins du point de vue du rédacteur: la couronne mondaine rejetée par Pionios et ses compagnons fait contraste avec la couronne céleste qu'il va gagner (XXII.2).

5. Le sacrifice étant public, il fallait un esclave public (ou plusieurs) pour assommer la victime et la faire rôtir. Dans l'épigraphie latine de tels esclaves sont appelés *uictimarii*; ainsi *Epigraphica* 25 (1963), 66, no. 63 (*L'Année épigraphique* 1964, 134), épitaphe d'*Eros pubic* (sic) *uictimarius*, avec au-dessous relief de couteau et de hache; relief semblable à Eleusis, L. Robert, *CRAI* 1978, 343–44 (*OMS* V, 645–46). Cf. W. Eder, *Servitus publica* (Wiesbaden, 1980), 43–44.

εἰδωλόθυτον, terme qui paraît pour la première fois dans IV Macc. 5.2, pour passer ensuite dans le lexique chrétien: cf. Büchsel, *TW* II, 375–76; AG s.v.

ἐνώπιον, courant comme préposition depuis le IIIᵉ s. a. C.; voir LSJ, Bauer⁶ s.v. Selon les ordres de Dèce, tous les habitants de l'empire durent sacrifier aux dieux devant les autorités locales; e.g. *POxy* XII 1464, 7–8, ἐνώπιον ὑμῶν θύων καὶ σπένδων καὶ γευσάμενος τῶν ἱερείων (John R. Knipfing, *HTR* 16 [1923], 345–90, surtout 350–53; Leclercq, *DACL* IV, 311–12; Clarke, *Cyprian* I, 26–28). Or, dans ce cas-ci c'est l'esclave public qui mange la viande devant tous, y compris les chrétiens; on voit le résultat de la force de l'indomptable Pionios.

6. μὴ εὑρίσκοντες. Ici μή a un sens causatif, Bauer[6], 1045, 2 b.

τὸ τί ποιήσωσιν; pour l'article devant la question indirecte, Bauer[6], 1120, 8.

πάλιν: sur cet usage pléonastique de πάλιν avec un verbe préfixé par ἀνα–, Bauer[6], 1227, 1; cf. sur XIV.16.

ἐρράπιζεν: surtout pour les coups à main ouverte, "gifler": Bauer[6], 1470.

7. εἰς τὴν πατρίδα σου . . . ἀποθανεῖν. Comme souvent, εἰς avec accusatif a le sens de ἐν avec le datif: Bauer[6], 464, 9, avec citation des Actes 21.13, ἀποθανεῖν εἰς Ἱεροσόλυμα, Ael., *Var. Hist.* 7, 8, εἰς Ἐκβάτανα ἀπέθανε. Ici, le reproche de l'inconnu est un trait d'un plus grand naturel: elle qui est cause de tant d'histoires, pourquoi doit-elle mourir ici?

τίς ἐστιν ἡ πατρίς μου; On peut hésiter sur l'interprétation de cette réponse. Sur le plan littéral, Sabine paraît se dérober par un pieux mensonge, semblable au nom fictif de 'Théodotè' (IX.3). Mais ici comme là le mensonge recouvre une vérité chrétienne: Sabinè n'a pas de patrie ici-bas, mais au ciel: ci-dessus, sur VII.5; Lampe s.v. πατρίς 2, "de la patrie spirituelle des chrétiens," Bauer[6], 1284, πατρίς 1. De la même façon elle est la soeur en Christ de Pionios: cf. Luc., *Peregr.* 13, "leur premier législateur les persuada qu'ils sont tous frères les uns des autres": von Soden, *TW* I, 145; Clarke, *Minucius Felix,* 175–76; Horsley, *New Documents* IV, 250–55; Bauer[6], 29, 2. Cf. *ACarpi* 28–10: lorsque Papylos répond au proconsul qu'il a beaucoup d'enfants, "un tel de la foule s'écria, 'Il dit avoir des enfants selon sa foi chrétienne.'"

8. Τερέντιος. Différent, semble-t-il, de celui de la section 3, qui était "de la foule": celui-ci est sans doute asiarque (cf. ci-dessous), donc de la haute société de la ville, ou moins probablement grand-prêtre municipal du culte des empereurs (*archiereus*). Lane Fox, *Pagans and Christians,* 467–68, propose d'y voir le Marcus Aurelius Tertius connu des monnaies de Smyrne comme asiarque à la fin du règne de Gordien III (Klose, *Münzprägung,* 72–73, 192–94, 308), ce qui n'est pas sans séduire.

ὁ τότε ἐπιτελῶν . . . μου. Phrase d'une très grande précision dans la vie des cités grecques sous l'empire romain (mais sur μονομάχους, voir ci-dessous): horrible contresens dans Musurillo, "After your condemnation I shall ask for you to compete in armed combat with my son" (cf. J. et L. Robert, *Amyzon,* 262 n. 16, sur p. 263). Par "chasses" sont entendues les *uenationes,* spectacles dans lesquels combattaient contre des bêtes fauves ou des professionels (*uenatores,* κυνηγοί) ou parfois des hommes libres (cf. ci-dessous sur XX.6). C'était une forme spéciale de ces occasions que l'exposition des condamnés (*damnati,* κατάδικοι) aux bêtes, pratique connue à Rome depuis le IIᵉ s. a.C. et souvent mentionnée dans les martyres chrétiens, par exemple dans le *Martyrium Polycarpi* précisément à Smyrne (*Mart. Polycarpi* 11, 1, etc.). Dans les provinces c'était aux grands-prêtres du culte impérial, sur le plan provincial ou municipal, que ressortissait en premier lieu le devoir d'offrir les spectacles de gladiateurs proprement dits et aussi les "chasses"; le terme technique était *munus,* en grec φιλοτιμία. Dans le *Martyre,* le grand-prêtre municipal étant sans doute le Lepidus mentionné déjà (XV.2, XVI.2), Terentius doit être un "asiarque" ou grand-prêtre du culte provincial, qui donne les *munera* au nom de son fils; à moins que le fils soit asiarque, et que son père agisse en son lieu, comme cela arrivait souvent dans la vie publique. Terentius donc menace de demander le chrétien Asclépiadès une fois condamné pour les *munera* de son fils; il adressera cette demande sans doute non pas à l'empereur, mais au proconsul dont l'arrivée lors de sa tournée judiciaire est prévue (ci-dessous, sur XIX.1); αἰτεῖσθαι est le terme technique pour les demandes adressées aux autorités. Sur tout cela, on consultera surtout Robert, *Gladiateurs;* Ville, *Gladiature. Condemnatio ad bestias:* voir en plus Garnsey, *Social Status,* 129–31. Asiarques, Price, *Rituals and Power,* Index s.v. "priests," "provincial" et "provincial cults"; P. Herz, *Tyche* 7 (1992), 93–115 (sur l'identification des asiarques avec les grandprêtres provinciaux). Un asiarque ἐνδόξως φιλοτιμησάμενος à Smyrne, Petzl, *Inschriften,* no. 637. Un asiarque ὑπὲρ υἱοῦ Εὐφροσύνου τὰς θέας φιλοτιμησάμενος, Robert, *Hellenica* III, 125, no. 313 (Adramyttion). φιλοτιμία: Robert, *CRAI* 1968, 582; J. et L. Robert, *Bull. épigr.* 1971, 400; Robert, *CRAI* 1982, 236 (*OMS* V, 799). αἰτεῖσθαι: Robert, *Hellenica* XI–XII, 53–62, *RPhil,* sér. 3, 41 (1967), 56 (*OMS* V, 396).

Seule la conjonction μονομάχους φιλοτιμίας est douteuse. μονόμαχος n'est plus employé comme épithète après l'époque classique, et en général il y a une différence nette entre les *munera gladiatoria* et les *uenationes:* voir Robert, *Gladiateurs,* ch. 5, surtout p. 324, "les conditions du combat étaient entièrement différentes." Il y a lieu alors de croire qu'une glose s'est glissée dans le texte: à une époque où le sens technique de φιλοτιμίαι n'était plus connu, on a voulu l'expliquer, d'ailleurs à tort, en ajoutant "gladiateurs."

9. ἐν τούτῳ, "par cela": cf. sur IV.14.

10. Les diogmites (cf. sur XV.1) sont nerveux et brutaux; avant de laisser Pionios (εἰσελθόντι) un d'eux ne peut s'abstenir de lui donner un dernier coup. Leur arme principale était le bâton ou la massue, comme on le voit sur un relief de Tire (Robert, *Ét. Anat.*, 103, avec pl. II 2; cf. aussi le relief de Hyrcanis, Herrmann, *TAM* V, 2, no. 1326 avec pl. XIX): c'est sans doute avec ceci qu'on frappe Pionios.

11. Le diogmite est puni, mais le rédacteur n'insiste pas sur l'aspect miraculeux; on rappelle que Pionios avait frappé les diogmites précisément aux *côtés*, aux mains et aux pieds (XV.7).

12. ἀβλαβεῖς. Des deux sens, actif et passif, le second est à préférer ici, "intact," "innocent," comme souvent dans la littérature chrétienne (manque chez Lampe): cf. Test. Mart. Sebaste 1.5, ἐὰν δὲ διαφυλαχθῇ ἀβλαβὴς τῇ τοῦ κυρίου χάριτι.

ὁ ἐχθρός, *inimicus*, sens bien connu pour le Diable: Lampe s.v. 1; *TW* II, 814; *TLL* VII, 1, 1629–30; Bauer⁶, 669 s.v. ἐχθρός 2 b.

ἐν ψαλμοῖς καὶ εὐχαῖς. On se demande si ces mots sont à comprendre non pas avec le verbe précédent, διετέλουν, mais avec le participe suivant, ἐπιστηρίζοντες, ἐν ayant le sens de "par," "au moyen de," cf. sur IV.14; donc, "ils continuèrent à se fortifier par des psaumes et des prières."

13–14. Comme on l'a vu, pour faire obéir les chrétiens à l'ordonnance de sacrifier on avait commencé par le clergé supérieur, comme Cyprien à Carthage. Certains des apostats, pour marquer leur adhésion absolue aux dieux des païens, apportèrent eux-mêmes des victimes, sans se satisfaire des victimes publiques: cf. Cyprien, *De lapsis* 8, "quid hostiam, miser, quid uictimam supplicaturus ponis?" (cf. Clarke, *Cyprian* I, 31, 137 n. 172). À Smyrne, non seulement l'évêque apostat Euktémon offre son propre agneau, il l'emporte chez lui, sans doute pour en faire goûter à sa famille (cf. Cypr., *Ep.* 55, 13, 2, "ille qui inquilinos uel amicos suos ad facinus compulit," avec le commentaire de Clarke, *Cyprian* III, 186); en outre, en jurant de n'avoir rien omis des détails nécessaires (τῶν πρὸς τὴν ἐξάρνησιν), il attire l'attention des autorités sur les subterfuges de certains des *lapsi* (voir ci-dessus).

13. ἀναγκασθῆναι: cf. sur XII.2, κατ᾽ ἀνάγκην.

οἴδιον: encore un quasi-hapax non relevé: LSJ le citent seulement

d'après un texte du IXe siècle, Theognostos Grammatikos 735 (J. A.
Cramer, *Anecdota Graeca* [Oxford, 1841] II, 121). Sur les noms de
l'agneau en grec (mais omettant celui-ci), P. Chantraine dans *Corolla
Linguistica: Festschrift Ferdinand Sommer* (Wiesbaden, 1955), 12–19;
pour les formes diminutives dans le grec tardif, ci-dessus, sur XII.4.

μετὰ φαγεῖν. Il est naturel de supposer que l'article τό soit tombé (cf.
XXII.2, μετὰ τὸ κατασβεσθῆναι), mais il peut manquer dans le grec de
cette époque: ainsi dans une inscription de Perge, sans doute du IIIe s.,
μετὰ δὲ ἀποτεθῆναι ἡμῶν τὰ πτώματα, *Bull. épig.* 1950, 204 no. 8; cf. A.
Wilhelm, *Anzeiger Wien* 1937, 19 (*Akademieschriften* II, 570).

ὀπτηθέν: pour le rôtissage des victimes, Robert, *CRAI* 1978, 340–43
(*OMS* V, 642–45); M. Détienne et J.-P. Vernant, *La cuisine du sacrifice
en pays grec* (Paris, 1979), Index s.v. rôtissage.

ἀποφέρειν εἰς τὸν οἶκον. Lors d'un sacrifice grec ou romain, il est
normal qu'on partage la chair de la victime et que celle-ci soit ou mangée
sur le champ ou emportée pour être consommée ailleurs, et que dans ce
cas on l'appelle ἀποφόρον ou ἀποφόρητον (Peterson, *Frühkirche*, 104). Ici
Euktémon l'emporte entier (ὅλον) de sa propre volonté (ἠθέλησεν): pour
ses motifs, voir ci-dessus.

14. ἐγκαταγέλαστον. Absent de LSJ: relevé par le *Thesaurus* (d'où
Bailly) comme variante dans Eschine, *In Ctes.* 76. Encore un quasi-hapax,
sans doute tardif.

τὴν τοῦ αὐτοκράτορος τύχην καὶ τὰς Νεμέσεις. Sur la question du
rôle du culte impérial dans les persécutions, voir sur IV.24, VIII.4. Dans
le cas présent, il ne semble pas s'agir d'un serment de loyauté mais de
l'utilisation volontaire de la Fortune impériale comme *Schwurgott,* pratique connue en Égypte à partir du I^e s. ap. J.-C.: E. Seidl, *Der Eid
im römisch-ägyptischen Provinzialrecht,* Münch. Beitr. zur Papy-
rusforschung 17 (Munich, 1933), 23–39; P. Herrmann, *Der römische
Kaisereid,* Hypomnemata 20 (Göttingen, 1965), 45–49. Pour la conjonction du nom de l'empereur avec celui d'une divinité locale, voir p. ex. à
Milet, ὀμνύω τὸν Ἀπόλλωνα τὸν Διδυμέα καὶ Σεβαστὸν Καίσαρα (Herrmann, p. 48 n. 95). Pour les Néméseis de Smyrne, cf. l'Introduction et le
commentaire sur VI.3; aussi VII.2, XV.2, 7, XVI.1.

παραλιπεῖν. Au lendemain de la persécution de Dèce, l'Église s'est
efforcée d'établir toute une série de distinctions parmi les *lapsi*. Certains
d'entre eux avaient acheté des certificats de complaisance (*libellatici*),

d'autres avaient offert de l'encens seulement sans goûter de la viande sacrificatoire (*thurificati*). Cf. Cypr., *Ep.* 55, 13–14, avec le commentaire de Clarke, *Cyprian* III, 167, 183–87.

τῶν πρὸς τὴν ἐξάρνησιν: Bauer[6], 1423, 5 b, "ce qui appartient à quelque chose, qui est nécessaire à quelque chose."

XIX

À partir de maintenant, le *Martyre* ne parle plus que de Pionios, et on ne sait pas ce que sont devenus ses compagnons (Delehaye, *Passions*, 36–37). En même temps, la partie suivante se veut un extrait des procès-verbaux officiels, sans doute du proconsul (XIX.1). Ainsi se posent deux questions: (1) celle de l'étendue et (2) celle de l'authenticité de cet extrait.

Revel A. Coles a soumis à un examen approfondi les procès-verbaux conservés sur papyrus, non sans alléguer ceux qui sont conservés par ailleurs, y compris les martyres chrétiens. Il distingue trois sections principales, dont chacune trouve sa contrepartie dans le *Martyre* (Coles, *Proceedings*, surtout 29–54): (1) les "formules préliminaires," où sont relevés la source du document suivant et les faits essentiels (*Mart. Pionii* XIX.1–2); (2) le "corps du jugement," contenant les échanges dialogués entre les participants, y compris le juge, et parfois des sections narratives (ib. XIX.2 – XX.6); (3) la κρίσις ou sentence définitive (ib. XX.7). Une quatrième section, qui concerne surtout la validation des sections précédentes, manque dans le *Martyre*.

Les reparties entre persécuteur et martyr forment un élément important déjà dans la littérature martyrologique juive des Livres des Machabées, ainsi que dans les *Acta Alexandrinorum*, et il y peut être difficile de séparer les éléments documentaires et imaginaires. Pour ce qui est des martyres chrétiens, d'une part on sait que les communautés s'empressaient de ramasser le plus de renseignements possibles sur leurs martyrs, pour leur rendre toute leur gloire et pour édifier les fidèles: une tradition faisait remonter jusqu'à St. Clément le protopape l'utilisation des *notarii* "qui gesta martyrum sollicite et curiose ... perquirerent" (Leclercq, *DACL* XII, 1627–28). D'autre part, les archives officielles des gouverneurs (*commentarii*, ὑπομνηματισμοί) étaient conservées dans les bureaux publics de la province, et les personnes intéressées pouvaient y avoir accès, moyennant un paiement licite ou illicite: p. ex., vers l'an 210 l'orthodoxe Apollonios relève à propos d'un Montaniste accusé devant le proconsul d'Asie, "ceux qui voudront savoir des détails à son égard peuvent consulter les archives publiques d'Asie (τὸ τῆς Ἀσίας δημόσιον ἀρχεῖον)" (Eus., *Hist. Eccl.* V 19, 9: cf. G. P. Burton, *JRS* 65 [1975], 103; en général, U. Wilcken, *Philologus* 53 [1894], 80–126; Gary A. Bisbee, *Pre-Decian Acts of Martyrs and Commentarii* [Philadelphie, 1988]). Un exemple très proche dans le temps et bien conservé, ce sont les *Acta Proconsularia* de Cyprien, où sont enregistrés avec très peu de retouches les deux procès du saint carthaginois lors de la persécution valérienne de 258 (Knopf-Krüger[4], 62–64; Musurillo, 168–75; *Atti e Passioni,* 193–231). À une date plus tardive, lors de la persécution de Maximin, les *Actes d'Agape et ses compagnons* (Knopf-Krüger[4], 95–100; Musurillo, 280–93) ont des parallèles frappants avec notre *Martyre* (voir sur XIX.1, 2, XX.6).

Quant au *Martyre,* ces deux chapitres comportent très peu d'altérations pieuses, à la différence des diverses traductions. Certes, en transposant un document officiel en une narration suivie, on a introduit de menus changements. À en juger par la fameuse inscription de Dmeir (Roussel et de Visscher, *Syria* 23 (1942–43), 173–200; *SEG* XVII, 759) et le dossier relatif à l'*angareia* trouvé à Sulmenli (W. H. Frend, *JRS* 46 [1956], 45–56; *SEG* XVI, 754; *Bull. épig.* 1958, 469; Th. Zawadzki, *REA* 62 [1960], 80–94), les interlocuteurs, y compris le proconsul, ont dû parler grec pour la plupart, tandis que les rubriques étaient rédigées en latin. Quant à celles-ci, dans les documents analogues il n'est jamais dit du magistrat qu'il "demande": toujours il "dit," même quand il interroge, tandis que les interrogés peuvent ou "dire" (εἶπεν) ou "répondre" (ἀπεκρίνατο) (Coles, *Proceedings,* 40–46, surtout 43–44; e.g. *Sammelbuch* V 7969, vers 250). Dans le *Martyre,* donc, le rédacteur a changé les rubriques, non seulement en les traduisant du latin en grec, mais aussi en remplaçant le *dixit* du proconsul par un verbe courant dans un tel contexte, ἐπηρώτησεν: cf. Marc 15.1–5, ἐπηρώτησεν αὐτὸν ὁ Πειλᾶτος . . . ὁ δὲ ἀποκριθεὶς αὐτῷ λέγει . . . ὁ δὲ Πειλᾶτος ἐπηρώτα αὐτόν . . . (Bauer[6], 578, ἐπερωτάω 1 b). Il se peut aussi que le rédacteur ait omis certaines phrases secondaires du document originel, par exemple la mention du conseil (*consilium,* συμβούλιον) du proconsul (cf. sur XX.6–7). Pourtant, on peut regarder ces deux chapitres comme une adaptation très fidèle d'un document tiré, on ne sait comment, des archives des proconsuls d'Asie après la mort du saint. Cela s'accorde bien avec la fidélité avec laquelle le rédacteur semble avoir reproduit le σύγγραμμα de Pionios lui-même.

De plus, cette section est marquée par son naturel et sa psychologie.

Comme souvent dans les persécutions, le proconsul préfère contraindre Pionios à sacrifier plutôt que le supplicier; pourtant, il ne connaît pas les détails de la foi chrétienne, à la différence des autorités smyrniennes (IX.2). On peut comparer Pline le Jeune, "cognitionibus de Christianis interfui numquam: ideo nescio quid et quatenus aut puniri soleat aut quaeri" (*Ep.* X 96, 1). Pionios pour sa part ne débite plus de longues harangues comme à l'Agora (IV) ou devant les *lapsi* (XII–XIV): il est résolu et bref.

1. μετὰ δὲ ταῦτα. La phrase n'exclut pas un certain laps de temps.

ἦλθεν . . . εἰς τὴν Σμύρναν: pour faire sa tournée judiciaire (*conuentus*, ἀγορὰ δικῶν). Sur ces tournées dans la province d'Asie, Ch. Habicht, *JRS* 65 (1975), 64–91; G. P. Burton, ibid. 96–106; C. P. Jones, *The Roman World of Dio Chrysostom* (Cambridge, Mass., 1978), 67–68; sur Smyrne comme chef-lieu de *conuentus*, Habicht, 70, Burton, 93.

προσαχθείς: technique pour la parution devant la justice: cf. LSJ s.v. προσάγω I 8; NT, Actes 16.20, προσαγαγόντες αὐτοὺς τοῖς στρατηγοῖς; *Mart. Polycarpi* 9, 2, προσαχθέντα αὐτὸν ἀνηρώτα ὁ ἀνθύπατος; *Mart. Carpi* 1, 1, προσήχθησαν. L'équivalent latin est *offerri;* cf. *Acta Cypr.* 3, 2–3, "proconsul . . . Cyprianum offerri praecepit . . . cumque oblatus fuisset . . ."; *TLL* IX, 2, 501, 32–46.

ἐμαρτύρησε: marque évidente du rédacteur, car μαρτυρεῖν doit avoir son sens chrétien, "témoigner jusqu'à la mort": Lampe, s.v. C 1, qui cite Or., *Cels.* I.8, τοῖς μαρτυροῦσι τῷ Χριστιανισμῷ μέχρι θανάτου, Bauer[6], 999, 1 d.

γενομένων ὑπομνημάτων τῶν ὑποτεταγμένων. Cf. *AAgape* II 4, τὰ δὲ πραχθέντα περὶ αὐτῶν ὑπομνήματά ἐστιν τὰ ὑπογεγραμμένα. Dans les papyrus, le mot ὑπομνήματα désigne les documents officiels en général, tandis que les ὑπομνηματισμοί sont les procès-verbaux des magistrats; pour désigner ceux-ci dans la littérature c'est ὑπόμνημα qui prédomine: Wilcken, *Philologus* 53 (1894), 102–3, 110–11; sur ὑπόμνημα dans les papyrus, T. C. Skeat, *Papyri from Panopolis* (Dublin, 1964), 113.

πρὸ τεσσαρῶν εἰδῶν Μαρτίων: le 12 mars 250; cf. XXIII.1. La date à la romaine doit venir du document original.

2. † καθεσθέντος † πρὸ βήματος. La correction de von Gebhardt, καθεσθείς, à été généralement adoptée; cf. e.g. *AAgape* III 1, προκαθίσαντος Δουλκιτίου ἡγεμόνος ἐπὶ τοῦ βήματος; *POxy.* XLII 3019, 5–6, Καῖσαρ κατίσας ἐν τῷ δικαστηρίῳ. Une difficulté peut paraître venir de l'expres-

sion πρὸ βήματος, mais dans les papyrus elle signifie moins "sur le tribunal" que "lors d'une séance formelle de justice," par opposition à une
séance informelle tenue *de plano* (χαμᾶθεν): P. Parsons sur *POxy* XLII
3017, 5, J. R. Rea sur XLIII 3117, 1; aussi la correction de Heikel (p. 13),
κατασταθέντος, n'est-elle pas nécessaire. Pour le βῆμα (*tribunal*), banc
hémicirculaire où s'asseyait le magistrat avec ses conseillers, T. Mommsen, *Römisches Staatsrecht*[3] I (Leipzig, 1887), 400 (avec citation de Dion.
Hal., *Ant. Rom.* VIII 45, 30), III, 383 (avec citation de Cass. Dion, LVI
1. 1); id., *Strafrecht,* 360–61 (mais avec citation erronée de *Pass. Perp.*
6.5 dans 361 n. 3; *catasta,* traduit par βῆμα dans la version grecque, est un
lieu de tortures, cf. *TLL* s.v. 2); V. Chapot, Daremberg-Saglio V, 417–18.

Κυντιλλιανός: Iulius Proculus Quintilianus (XXIII.1): cf. G. Barbieri,
L'albo senatorio da Settimio Severo a Carino (Rome, 1952), p. 284 no.
1611; *PIR*[2] I, 502; T. D. Barnes, *Journal of Theological Studies,* n.s. 19
(1968), 530–31 = *Early Christianity and the Roman Empire* (London,
1984), ch. 1; B. E. Thomasson, *Laterculi Praesidum* I, 236, no. 192. On
lui a attribué deux inscriptions d'Éleusis, dont une fait mention de sa
piété (εὐσεβίη) (*IG* II[2] 4218, 4219: cf. Robert, *Hellenica* IV, 20–21,
Barnes, art. cit. 531). Cela irait bien avec ce que nous apprenons de lui
d'après le *Martyre,* car le proconsul s'avère au courant de la pensée religieuse de son époque, sinon de la foi des chrétiens, mais la question doit
rester ouverte; un jour un nouveau texte peut résoudre la question et
apporter les détails de sa carrière.

ἀπεκρίθη: ou bien le passif impersonnel, "la réponse," comme
ἐλέχθη, XX.5, ἀνεγνώσθη, XX.7, ou peut-être simple variante stylistique
d'ἀπεκρίνατο, "il répondit"; cf. XXI.4, Bauer[6], 18 b, ἀποκρίνομαι, pref.

4. ποίαν θρησκείαν ἢ αἵρεσιν ἔχεις; Pour le sens de θρησκεία, K. L.
Schmidt, *TW* III, 155–59; Lampe s.v. 2, "religion, creed in general,"
Bauer[6], 738 s.v.: pour la chronologie du mot, Robert, *Ét. épigr. et philol.,*
226–35. Pour αἵρεσις, "secte," Schlier, *TW* I, 180–83; Lampe, s.v. 2 b
(christianisme comme "secte" aux yeux des Juifs et des païens); H. von
Staden, "Hairesis and Heresy," *Jewish and Christian Self-Definition* 3
(Philadelphia, 1983), 76–100. Par sa réponse, "Des catholiques," Pionios
affirme son adhésion à l'église universelle, par opposition aux églises
schismatiques, "hérétiques," en sorte que le sens "catholique" ne se distingue guère d'"orthodoxe." C'est la première attestation, semble-t-il, de
l'épithète "catholique" dans son sens spécifiquement chrétien appliqué à

des personnes; cf. Lampe, s.v. καθολικός A 4; *TLL* III, 616–17 (premier exemple de ce sens en latin, Hilaire de Poitiers ca. 355). Pour les sectes hérétiques à Smyrne, ci-dessus, sur XI.2.

5. ποίων καθολικῶν: cf. LSJ s.v. ποῖος 2, "employé avec répétition d'un mot de l'interlocuteur, pour exprimer une surprise méprisante." Sans doute le sens de καθολικός le mieux connu du proconsul, c'était celui de "directeur général des comptes" (LSJ s.v. II; Preisigke, *Wörterbuch* III, 124), d'où son étonnement.

7. τῆς μωρίας διδάσκαλος. Pour μωρία on comparera surtout le para-doxe de St. Paul, ὁ λόγος ὁ τοῦ σταυροῦ τοῖς μὲν ἀπολλυμένοις μωρία ἐστίν, τοῖς δὲ σωζομένοις ἡμῖν θεοῦ δύναμίς ἐστιν (I Cor. 1.18; cf. Ber-tram, *TW* IV, 850–52); dans une situation analogue, *Mart. Carpi* 9, 1, μὴ μωραίνετε. Pour le christianisme comme "folie" ou "sottise," e.g. Luc., *Peregr.* 13, ἰδιῶται; Celse apud Or., *Cels.* I.17, 79, VII.37. Pour toute la phrase τῆς μωρίας διδάσκαλος, cf. Eur., *Bacch.* 3455, τῆς σῆς ἀνοίας τόνδε τὸν διδάσκαλον. Selon la majorité des manuscrits du *Martyre de Poly-carpe* (XII.2) la foule accuse le saint d'être ὁ τῆς ἀσεβείας διδάσκαλος, selon le Mosquensis et Eusèbe (*Hist. Eccl.* IV 15, 27) ὁ τῆς Ἀσίας δι-δάσκαλος, et celle-ci est la leçon préférée des éditeurs; mais elle n'a pas de sens ni administratif ni chrétien, et l'autre doit être la bonne.

Pour l'opposition de μωρία et θεοσέβεια dans la réplique de Pionios, cf. *Epist. ad Diogn.* 3, 3 (SC 33, p. 58), "si les Juifs se comportent comme les païens," μωρίαν εἰκὸς ἡγοῖντ' ἄν, οὐ θεοσέβειαν.

8. ποίας: cf. ci-dessus sur s. 5.

10–13. La discussion théologique qui suit est fort intéressante. Comme souvent dans les persécutions (cf. Or., *Cels.* VIII.44; Leclercq, *DACL* IV, 311–12), Quintilianus préfère persuader plutôt que con-damner, mais il le fait sans cette chaleur bienveillante dont témoignent les concitoyens de Pionios: il cherche une formule, une accommodation qui lui paraît raisonnable selon la pensée de l'époque. Mais Pionios est résolu: le temps de prêcher est passé, il n'y a rien à faire avec le fonctionnaire.

10. πάντες . . . θεούς. L'édit de Dèce ordonna le sacrifice "aux dieux," mais pour le proconsul cela n'exclut pas le sacrifice à un seul dieu, qu'on le nomme soit Air soit Zeus (XIX.13). C'est une marque nette de la spiri-tualité du paganisme tardif que cette croyance à un dieu suprême auquel

les autres dieux sont subordonnés comme parties ou serviteurs. Cf. Max.
Tyr., XI 5 a, ἐν τοσούτῳ δὴ πολέμῳ καὶ στάσει καὶ διαφωνίᾳ ἕνα ἴδοις ἂν
ἐν πάσῃ γῇ ὁμόφωνον νόμον καὶ λόγον, ὅτι θεὸς εἷς τῶν πάντων βασιλεὺς
καὶ πατήρ, καὶ θεοὶ πολλοί, θεοῦ παῖδες, συνάρχοντες θεοῦ. En général,
Nilsson, *GGR* II², 569–81; L. Robert, *CRAI* 1971, 614–19 (*OMS* V,
634–39).

τί τῷ ἀέρι προσέχεις: "Quid autem aera aspicis?" version latine médiévale. Pour προσέχειν le *Thesaurus* cite Plut., *Coriol.* 25, 4, où l'auteur
explique le latin *hoc age*, σημαίνει ἡ φωνή, "τοῦτο πρᾶττε," προσέχειν
κελεύουσα τοῖς ἱεροῖς. Pionios regarde vers le ciel sans doute en prière
silencieuse, en sorte que le proconsul pense pouvoir le persuader de sacrifier à l'Air. Pour l'habitude des chrétiens de prier les yeux tournés vers le
ciel, F. Dölger, *Sol Salutis*² (Münster, 1925), 302–12, surtout 309–10 sur
les malentendus des païens là-dessus. Pour la prière silencieuse des chrétiens, cf. XXI.8, κατὰ τὸ ἀπόρρητον εὐχόμενος; Clem. Alex., *Strom.* VII
39 (GCS, Clemens III 30, 16–17), κἂν ψιθυρίζοντες ἄρα μηδὲ τὰ χείλη
ἀνοίγοντες μετὰ σιγῆς προλαλῶμεν, ἔνδοθεν κεκράγαμεν (E. von Severus,
RAC VIII, 1239). Schwartz, *De Pionio* 21, lit ἤ au lieu de τί, mais τί va
très bien, et c'est ce qu'ont lu les traducteurs.

θῦσον αὐτῷ. Comme les magistrats de Smyrne (VIII.4), le proconsul
cherche une accommodation, mais en offrant à l'adoration non pas
l'idole de l'empereur, mais l'air divinisé. Déjà Philémon, poète de la Nouvelle Comédie, utilise comme prologue Ἀήρ, ὃν ἄν τις ὀνομάσειε καὶ Δία
(fr. 95, 4 Kassel-Austin, *Poetae Comici Graeci* VII, 278). Au IIᵉ ou IIIᵉ s.,
un certain Théophilos demande à Apollon de Claros si c'est lui ou un
autre qui est Dieu: Apollon lui répond que Dieu, c'est l'Éther qui voit tout
(αἰθέρα πανδερκῆ): L. Robert, *CRAI* 1971, 597–619, surtout 617–19
(*OMS* V, 617–30: sur ce texte, voir aussi *SEG* XXVIII, 933, et en dernier
lieu Potter, *Prophecy and History*, 351–55).

11. οὐ τῷ ἀέρι προσέχω, ἀλλὰ τῷ ποιήσαντι τὸν ἀέρα. Distinction
fondamentale des chrétiens, héritée de la pensée juive, entre Créateur et
Création: comme le relève Hilhorst, le texte classique est Rom. 1.25, les
païens ἐλάτρευσαν τῇ κτίσει παρὰ τὸν κτίσαντα.

12. οὐκ ἔξεστιν εἰπεῖν, "non licet prodi," version médiévale; les autres versions sont semblables. D'une part, le Dieu chrétien est ineffable
(ἀπόρρητος, *ineffabilis*), surtout sous son aspect de Créateur: Lampe s.v.
ἀπόρρητος 3; C. Detlef G. Müller, *RAC* XI, 1247. D'autre part, il est "in-

effable" en ce que son culte est un mystère, qu'il est défendu aux fidèles d'exposer aux profanes: O. Perler, "Arkandisziplin," *RAC* I, 671–76; Min. Felix, *Oct.* 8.4, "latebrosa et lucifuga natio," avec le commentaire de Clarke, 209–10.

13. πάντως. Le mot a un ton péremptoire, comme il convient à ce haut fonctionnaire: le créateur de tout, c'est Zeus, il n'y a plus rien à dire. Pour Zeus roi à cette époque, cf. Max. Tyr., XI 5 a (p. 132, 3–6 Hobein), cité ci-dessus sur s. 10; Nilsson, *GGR* II³, 575–76, qui cite une inscription funéraire de la Thessalie (*IG* IX, 2, 1201): ἐὰν δέ τις ἀπονοηθεὶς τολμήσῃ ἀνοίξε, ἕξει κεχολωμένον βασιλέα θεὸν μέγιστον παντοκράτορα κτίστην ὅλων καὶ θεοὺς πάντας καὶ θεοὺς ἥρωας καὶ αὐτὴν τὴν δέσποιναν βασιλίδα. Pour Zeus identifié avec l'Air ou le Ciel, e.g. Or., *Cels.* V.41 (Celse cite Hérodote pour montrer que déjà les Perses ont appelé le Ciel Zeus); en 223/4 ou 277/8, à Satala de Lydie, un gendarme rural (*saltuarius*) fait une dédicace à Zeus de l'Air, Ζεὺς Ἀέριος (Herrmann, *TAM* V, no. 616, cf. Robert, *Hellenica* X, 20 n. 6).

XX

1. Delehaye (*Passions,* 27), faisant observer qu'"on voit tout à coup Pionius à la torture, que le juge n'a pas ordonnée," suppose une omission; le rédacteur peut avoir lu quelque chose dans son original comme ὁ ἀνθύπατος κελεύσας αὐτὸν βασανίζεσθαι εἶπεν, cf. *PAnt* II 87, 13, du III° s. (Coles, *Proceedings,* 48); cf. *Mart. Carpi* 23, εὐθὺς οὖν ἐκέλευσεν κρεμασθέντα ξέεσθαι. Autre omission probable dans la s. 6.

κρεμασθέντι: suspendu sur l'*eculeus*, sorte d'échafaud où étaient suspendues les victimes pour être étirées, brûlées, ou, comme ici, gougées avec les instruments de fer nommés "ongles" (ὄνυχες, s. 2): J. Vergote, *RAC* VIII, 120–23, 133–37; cf. *Mart. Carpi* 23, cité ci-dessus.

2. ἀπονενόησαι. Parmi les injures lancées contre les chrétiens, à côté de celle de "sottise" (XIX.7), se trouvait celle de "manie" (μανία, ἀπόνοια), dont témoignait leur comportement en face de la mort. Cf. déjà Pline, *Ep.* X 96, 4, "fuerunt alii similis amentiae": Luc., *Peregr.* 14 (un gouverneur philosophique) συνεὶς τὴν ἀπόνοιαν αὐτοῦ καὶ ὅτι δέξαιτ᾽ ἂν ἀποθανεῖν ὡς δόξαν ἀπὸ τούτου καταλίποι ἀφῆκεν αὐτόν; Min. Fel., *Oct.* VIII 3, "homines . . . deploratae, inlicitae et desperatae factionis"; Leclercq, *DACL* I, 266; J. den Boeft et J. Bremmer, *Vigiliae Christianae*

35 (1981), 44–45 (mais on ne dira pas que le mot-clé soit la *superstitio*: c'est plutôt l'obstination, la *pertinacia* dont parle Pline).

ζῶντα θεὸν φοβοῦμαι. Dieu est "vivant" depuis l'Ancien Testament, Bultmann, *TW* II, 852; Bauer⁶, 688–89, ζωή 2. Mais dans le contexte des martyres le mot a une valeur spéciale: Dieu a promis la vie éternelle à ceux qui lui sont fidèles jusqu'à la fin, et *a fortiori* à ceux qui témoignent dans le sens plein de la martyrisation. Cf. XX.5, ἐπὶ τὴν ζωήν; XXI.9, τῷ πατρί . . . πᾶσαν ψυχὴν ἀδίκως κατακριθεῖσαν ἐπαγγειλαμένῳ φυλάξαι. Pour la "crainte" des martyrs, Tert., *Ad Scap.* I 1, "ea quae Deus repromittit consequi optantes, et ea quae diuersae uitae comminatur pati timentes."

3. ἄλλοι . . . καὶ ζῶσι. Le proconsul s'imagine que Pionios a peur de la vengeance de son dieu: tiens, les autres ont sacrifié et ils vivent, malgré ton "Dieu vivant." C'est un argument traditionnel des païens que le Dieu chrétien est impuissant pour sauver les siens: Matt. 27.43; Min. Fel., *Oct.* 12, 4, "ubi deus ille, qui subueniri reuiuescentibus potest, uiuentibus non potest?"

σωφρονοῦσιν. Parmi les nuances de σωφρονεῖν, σωφροσύνη est celle de la santé d'esprit par opposition à la fureur: ainsi dans une liste de contraires, Xen., *Mem.* I 1, 16, τί σωφροσύνη, τί μανία. Paul, accusé devant le proconsul Festus d'être fou, répond, "je ne suis pas fou (οὐ μαίνομαι), mais je parle des paroles de la vérité et de la santé" (ἀληθείας καὶ σωφροσύνης, Actes 26.25). Cf. Luck, *TW* VII, 1094; Bauer⁶, 1598 σωφρονέω 1, 1600 σωφροσύνη 1.

4. Pour l'invitation à la réflexion, cf. p. ex. *Mart. Apoll.* 10, δίδωμι σοὶ ἡμέραν . . . ἵνα συμβουλεύσῃ σεαυτῷ περὶ τῆς ζωῆς σου; den Boeft et Bremmer, art. cit. 47–49.

5. τί σπεύδεις ἐπὶ τὸν θάνατον; cf. sur V.5, θανατῶντες. On rappellera ce que raconte Tertullien sur Arrius Antoninus, proconsul d'Asie: "tandis qu'il persécutait sans cesse, tous les chrétiens de cette ville se réunirent devant son tribunal et s'offrirent (*se obtulerunt*: cf. sur XIX.1). Lui donc, ayant fait supplicier quelques-uns d'entre eux, dit aux autres: 'Pauvres sots, si vous voulez mourir, vous avez des précipices et des cordes'" (Tert., *Ad Scap.* 5, 1: sur le personnage, *PIR*² A 1088 [p. 213]; Thomasson, *Laterculi Praesidum* I, 232, no. 162).

οὐκ ἐπὶ τὸν θάνατον. Devant ses compatriotes, Pionios réfute l'accusation d'avoir envie de la mort (V.4–5). Ici il s'abstient d'argumentation, en sorte qu'il paraît parler pour lui-même et non plus pour l'autorité mondaine.

6–7. Comme on l'a vu, la sentence judiciaire (ἀπόφασις, *sententia*) prend une forme particulière dans les documents, laquelle se reflète dans le *Martyre*. Non seulement est relevé le nom du magistrat, mais aussi son titre; on mentionne souvent sa consultation avec ses "amis" ou "conseillers" (ce détail, absent de la rédaction grecque du *Martyre* mais présent dans la traduction latine, peut être tombé du texte; cf. Delehaye, *Passions*; Franchi, *Note 9*, 106 n. 1); on dit parfois qu'il lit personnellement la sentence ou la fait lire; la sentence qui suit commence par la justification des décisions pour passer aux décisions formelles. Cf. p. ex. *POxy* VIII 1102, (le magistrat) σκεψάμενος μετὰ τῶν φίλων ὑπηγόρευσεν ἀπόφασιν, ἣ καὶ ἀνεγνώσθη κατὰ λέξιν οὕτως ἔχουσα; *AAgape* 4, 4, (ὁ ἡγεμὼν) τὴν ἀπόφασιν ἔγγραφον ἐκ χάρτου ἀνέγνω (suit une décision semblable); en général, Coles, *Proceedings*, 49–52; J. R. Rea sur *POxy* LI 3614.

6. καὶ γὰρ οἱ ἀπογραφόμενοι ἐλαχίστου . . . εἶ. Le proconsul renonce devant tant d'obstination qu'il ne peut comprendre, mais pour justifier sa sentence il veut rabaisser Pionios: ce qu'il fait n'est pas grand'chose, qu'il perde ce soutien de lui-même. En même temps il ne le compare pas avec un condamné jeté aux bêtes, comme l'a fait Terentius avec Asclépiadès (XVIII.8); il cite plutôt les pauvres diables qui vendent leur liberté et parfois leur vie en se faisant enregistrer comme gladiateurs, plus précisément comme *uenatores*. Dans sa *Clef des Songes*, Artémidore de Daldis raconte l'histoire d'un homme qui rêva qu'il était transporté dans un pétrin et que "sa mère, l'ayant rencontré, disait, 'mon fils, tu m'as déshonorée' . . . Il se fit inscrire parmi les gladiateurs (ἀπεγράψατο εἰς μονομάχους)." Artémidore observe, "la voix de la mère présageait l'infamie (ἀτιμία) de son genre de vie" (*Oneirocr.* 58, trad. A. J. Festugière, *Artémidore: La Clef des Songes* [Paris, 1975], p. 276). Cf. Robert, *Gladiateurs*, 248–53 (attitude d'Artémidore et d'autres intellectuels), 287 (l'enregistrement); cf. aussi Ville, *Gladiature*, 247–49 (profession, *uenatores* libres), 339–41 (*infamia* de gladiateurs aux yeux de la loi), 465–66 (sentiments des chrétiens).

ζῶν καήσῃ: cf. VII.4, ζῶντες καῆναι. Bien connu comme supplice des chrétiens (Leclercq, *DACL* V, 1456–63), dans la loi romaine la sentence de *uiuus comburi* était réservée aux petits gens (*humiles*): Garnsey, *Social*

Status, 125–26, 129, 242–43; comparer le voleur Meniskos ζῶν κατακαι-
όμενος, L. Robert, *CRAI* 1968, 282–83 (*OMS* V, 554–55). D'où le raisonnement du proconsul: puisque tu te comportes comme un vaurien, tu
seras puni comme tel.

7. ἀπὸ πινακίδος ἀνεγνώσθη ῾Ρωμαϊστί. Pour ἀπὸ πινακίδος dans les
documents, en latin *ex tabella,* Rea sur *POxy* LI 3614, 4. Pour ἀνεγνώσθη, cf. sur XIX.2, ἀπεκρίθη, XX.6–7, avec citation de *POxy* VIII 1102.
On a maintenant un beau parallèle à ῾Ρωμαϊστί dans un jugement rendu
par Septime Sévère à Alexandrie, Καῖσαρ σκεψάμενος μετὰ τῶν φίλων τῇ
πατρίᾳ φωνῇ ἀπεφήνατο, κτλ. (*POxy* LI 3614, 2–3).

ὁμολογήσαντα εἶναι Χριστιανόν. L'édit de Dèce était adressé à tous
les habitants de l'Empire et ne faisait pas mention explicite des chrétiens:
cependant, il a dû être accompagné par des instructions aux gouverneurs
et aux magistrats municipaux, et il tombait sur les chrétiens orthodoxes
aussi bien qu'hérétiques avec une force particulière: ainsi Leclercq, *DACL*
IV, 311–12; un autre avis dans Clarke, *Cyprian* I, 23–25; Potter, *Prophecy
and History,* 42–43, 264–67.

XXI

XXI–XXII. Dans cette conclusion le rédacteur écrit comme témoin
oculaire (εἴδομεν, οἱ παραγενόμενοι, XXII.2), et seul l'échange entre Pionios et l'esclave public (XXI.3–4) et la prière finale (XXI.9) semblent
venir d'ailleurs, plutôt d'un témoin privilégié comme le bourreau que de
la fantaisie du rédacteur. Cette partie ressemble beaucoup à d'autres
martyres, surtout celui de Carpos et ses compagnons (Knopf-Krüger[4],
8–13; Musurillo, 23–37; *Atti e Passioni,* 36–45), lequel peut être contemporain (voir sur XX.1).

1. La syntaxe de la phrase n'est pas conforme à la règle classique, le
sujet étant en même temps sujet du génitif absolu, mais les infractions de
la sorte sont fréquentes dans les papyrus: Mayser, *Grammatik* II, 3,
68–70.

ἀπελθόντος. . . εἰς τὸ στάδιον. Cf. *A Carpi* 36, κατερχόμενοι ἔσπευδον
ἐπὶ τὸ ἀμφιθέατρον. Le stade de Smyrne était situé sur le flanc sud-ouest
de la colline du Pagos sur un axe est–ouest. Comme la plupart des stades
des époques hellénistique et romaine, il était formé de deux côtés paral-

lèles reliés par un hémicycle (*cauea*, κοῖλον, plus tard σφενδόνη), lequel était au bout est comme à Éphèse. Dans cet hémicycle se trouvaient les sièges d'honneur des hauts fonctionnaires. Par une coincidence que Pionios n'a pu regarder que comme providentielle, le jugement de Polycarpe de Smyrne et sa mort par le feu ont eu lieu dans le même stade. Du fait que le proconsul menace le vieux saint des bêtes (*Mart. Polycarpi* 11.1, cf. 12.2), il est évident que, toujours comme à Éphèse, le stade de Smyrne avait des structures affectées aux *munera*, elles aussi sans doute au bout est. En général, S. Dorigny, Daremberg-Saglio s.v. Stadion 1453–55; E. R. Fiechter, *RE* III.A, 2 (1929), 1969; pour le stade de Smyrne, Cadoux, *Ancient Smyrna,* 178 avec bibliographie, n. 1, et photographie, p. 359; sur celui d'Éphèse, W. Alzinger, *RE* Suppl. XII (1969), 1637–39; à noter aussi le stade d'Aphrodisias avec ses deux hémicycles et les restes encore visibles de structures pour chasses, toujours au bout est, K. T. Erim, *Aphrodisias: City of Venus-Aphrodite* (Londres, 1986), 67–70. Cf. aussi ci-dessus, sur XXI.6.

ἐπιστάντος τοῦ κομενταρησίου. Comme le *princeps* (XV.5), le *commentariensis* était un militaire affecté au bureau du gouverneur, mais de rang plus bas; d'abord chargé des procès-verbaux (*commentarii*) du gouverneur, il s'occupait de plus en plus de l'exécution de ses ordonnances en matière de droit criminel. Dans le cas de Pionios, donc, le supplice a lieu sous les yeux du *commentariensis* aidé par un subordonné (στρατιώτης, 2) et un esclave public (δημόσιος, 3). En général, von Premerstein, *RE* IV (1900), 759–68, surtout 762–64; Domaszewski, *Rangordnung*[2], 31; A. H. M. Jones, *JRS* 39 (1949), 44–46 (*Studies in Roman Government and Law* [Oxford et New York, 1960], 161–63).

ἐπιστάντος, "ayant charge": cf. Mommsen, *Strafrecht*, 924, qui cite Sen., *De ira* I 18, "centurio supplicio praepositus condere gladium speculatorem iubet."

ἑκὼν ἀπεδύσατο. Les condamnés étaient suppliciés le corps nu: Artem., *Oneir.* II 57, γυμνοὶ σταυροῦνται; L. Robert, *CRAI* 1982, 253 (*OMS* V, 816). De tels détails sont souvent relevés dans les martyres: ainsi *Mart. Carpi* 44, ἀποδυσαμένη τὰ ἱμάτια αὐτῆς ἀγαλλιωμένη ἐφήπλωσεν ἑαυτὴν ἐπὶ τὸ ξύλον.

2. ἁγνὸν καὶ εὔσχημον: à entendre dans le sens corporel, "integra et illibata membra" dans la version médiévale: après s'être déshabillé, Pio-

nios constate (κατανοήσας) que son corps n'est pas abîmé par les tortures. Sur cette insistance sur l'intégrité corporelle des martyrs, cf. plus loin, sur XXII.2, 3.

ἀναβλέψας εἰς τὸν οὐρανόν. Souvenir d'Étienne protomartyr, ἀτενίσας εἰς τὸν οὐρανόν (Actes 7.55). Pour la coutume très répandue de prier les yeux tournés vers le ciel, voir sur XIX.10.

ἥπλωσεν ἑαυτὸν ἐπὶ τοῦ ξύλου. Le terme ξύλον est ambigu, pouvant désigner ou un poteau ou une croix. La version médiévale opte pour celui-là (*stipes*), et l'usage des poteaux pour l'exécution des criminels, non seulement des Chrétiens, est bien attesté (cf. Franchi, *Note 9*, 113 n. 6). Pourtant, le mot ἁπλοῦν semble désigner la crucifixion ("croce," Ronchey): comparer Sen., *Marc.* 20. 3, "brachia patibulo explicuerunt," id. apud Lact., *Inst.* VI 17, 18, "extendendae per patibulum manus," *Mart. Carpi* 44 (ci-dessus), et aussi 37, 38; en général, Mommsen, *Strafrecht*, 920 n. 8. Il ne semble pas qu'on trouve en dehors des martyres chrétiens cette conjonction de crucifixion et de bûcher, à moins que ce ne soit le cas dans le passage controversé de Tac., *Ann.* XV 44, 4; pourtant, les magistrats romains avaient une large discrétion en matière de punition, cf. Mommsen, *Strafrecht*, 918–21, Hengel, *Crucifixion*, 25.

τῷ στρατιώτῃ: sans doute pas le *commentariensis*, mais un lieutenant de son bureau ayant rang de *speculator:* Mommsen, op. cit. 923 avec la note 6; ci-dessus sur s. 1.

3. ὁ δημόσιος. Aucune raison de supposer que ce soit le *uictimarius* de XVIII.5; cf. Mommsen, *Strafrecht*, 924 n. 4.

4. ᾐσθόμην γὰρ ὅτι ἔνεισι. La version médiévale est assez proche, "sensi vulnera, et utrum clauis sim fixus non intelligo," tandis que la version slave l'est moins, "j'ai senti qu'ils ne sont rien," traduction peut-être d'un texte différent, οὐδέν εἰσι (ainsi Vaillant). Pionios reste ferme, maître de soi, ne cédant pas même à ce dernier moment, et son ironie a sans doute dérouté un peu les traducteurs.

ἵνα θᾶττον ἐγερθῶ. Pour la croyance à la résurrection des morts, partagée par Juifs et chrétiens, déjà Isaïe 26.29, ἀναστήσονται οἱ νεκροὶ καὶ ἐγερθήσονται οἱ ἐν τοῖς μνημείοις; Oepke, *TW* I, 370–72; Leclercq, *DACL* XIV, 2393–2401; Robert, *Hellenica* XI–XII, 408; Schürer, *History* II, 539–44.

5. ἀνώρθωσαν: cf. *Mart. Carpi* 37, ὁ Πάπυλος προσηλωθεὶς εἰς τὸ ξύλον ἀνωρθώθη; ib. 46, ἀνορθωθεῖσα; Mommsen, *Strafrecht*, 929.

καὶ πρεσβύτερόν τινα Μητρόδωρον τῆς αἱρέσεως τῶν Μαρκιωνιστῶν. Pour les églises hérétiques à Smyrne et pour des hérétiques persécutés à côté des orthodoxes, ci-dessus, sur XI.2. Ce prêtre marcionite de Smyrne a troublé des auteurs plus tardifs: Eusèbe dit (*Hist. Eccl.* IV 15.46), "qui semble avoir été marcionite"; la version médiévale l'appelle simplement *presbyter*. Le nom Métrodoros est très répandu, mais à Smyrne il s'explique parce que la Grande Mère y jouissait d'un culte important (Cadoux, *Ancient Smyrna*, 215–17); pour le nom à Smyrne, Petzl, *Inschriften* I et II, Index; Aristid., *Or.* XLVII 42. Sur le Marcionisme, à cette époque plus tenace à l'est qu'à l'ouest, Leclercq, *DACL* X, 1833–40; G. Pelland, *Dictionnaire de spiritualité* X, 311–21. Pour un prêtre (πρεσβύτερος) marcionite en 318 à Lebaba dans la Damascène, W. H. Waddington, *Inscriptions grecques et latines de la Syrie* (Paris, 1870), no. 2558 (Leclercq, col. 1840).

6. ἔτυχεν. L'usage de τυγχάνω suivi de l'accusatif avec infinitif se trouve déjà à l'époque hellénistique (Mayser, *Grammatik* II, 1, 308, qui cite un papyrus de 117 a. C: LSJ A 1 3 b), mais ici l'infinitif manque; E. Schwartz a donc suivi la version latine en ajoutant ἑστάναι après ἀριστερῶν.

πρὸς ἀνατολάς. Comme les couronnes déchirées par les martyrs (XVIII.4), ce détail a un sens à la fois physique et spirituel. On a vu (XXI.1) que le stade de Smyrne était axé est–ouest, avec les sièges d'honneur au bout est, en sorte que les martyrs, placés de façon à confronter ces sièges, étaient tournés vers l'est (cf. Cadoux, *Ancient Smyrna*, 398). Sur le plan spirituel, cette orientation s'avère comme une marque de la providence divine, l'orient étant regardé comme la direction du Paradis: cf. Dölger, *Sol Salutis*[2], 228–31, qui cite *Pass. Perpet.* 11, 2 (rêve de Saturus), "passi eramus ... et coepimus ferri a quattuor angelis in orientem."

7. τὰ ξύλα κύκλῳ περισωρευσάντων. Le *Thesaurus* cite le *Martyrion Sebastianae, Acta Sanctorum* Iun. VI (1715) 63, 37 (*non uidi*), ξύλων περισωρευθέντων κυκλόθεν. Il faut rappeler une observation de Franchi (*Note 9*, 123), "les Romains n'ayant pas l'habitude de placer les condamnés sur le bûcher, mais de les entourer de bois et de broussailles pla-

cées à une certaine distance, il arrivait fréquemment que les corps, loin de tomber en cendres ou d'être réduits en charbon, demeuraient seulement bronzés ou roussis." Cf. ci-dessous, XXII.2, sur l'intégrité des corps après combustion.

8. κατὰ τὸ ἀπόρρητον εὐχόμενος: sur la prière silencieuse, ci-dessus, sur XIX.10.

9. γεγηθότι προσώπῳ. C'est un détail souvent relevé que le visage joyeux des martyrs: cf. *Pass. Perp.* XVIII.1, "hilares, uultu decori," 2, "lucido uultu et placido ingressu"; *Mart. Carpi* 38, προσηλωθεὶς . . . ἐμειδίασεν.

κύριε, δέξαι μου τὴν ψυχήν. À l'époque romaine des épitaphes païennes portent des prières pour la réception du mort ou de son âme, C. B. Welles, *HTR* 34 (1941), 83–84; A. D. Nock, *Essays on Religion and the Ancient World* II (Oxford, 1972), 922–24. Mais la prière de Pionios tire son origine de celle de Jésus sur la Croix (Luc 23.46), εἰς χεῖράς σου παρατίθεμαι τὸ πνεῦμά μου, et aussi du protomartyr Étienne (Actes 7.59), κύριε Ἰησοῦ, δέξαι τὸ πνεῦμά μου. À leur tour les martyrs chrétiens étaient censés recevoir les âmes des fidèles: Nock, *HTR* 34 (1941), 107–8.

ἐρευγόμενος, "animam quasi eructuaret euomuit" dans la version médiévale: détail d'un réalisme accusé.

παρακαταθήκην . . . φυλάξαι. Il ne s'agit pas de l'idée païenne que la vie ou l'âme soit un prêt fait par Dieu ou les dieux aux hommes, comme paraît l'entendre Hilhorst; au contraire, le martyr expirant confie son âme à Dieu qui a promis de la conserver. Le texte de base, ce sont les paroles de Jésus crucifié citées ci-dessus (Luc 23.46); exactement à l'époque de Pionios, Origène explique cette phrase par l'institution bien connue de la *parakatatheke*, le dépôt fait à un ami, un banquier ou un temple; "s'il est vrai qu'il a 'déposé' son esprit entre les mains du Père, c'est comme un 'dépôt' (παρακαταθήκη) qu'il a donné son esprit . . . Ce dépôt qu'il avait remis au Père, il le reprend" (*Dial. cum Heraclid.* 7, SC 67, 70–72, trad. Scherer). Cf. Lampe s.v. παρακαταθήκη 1 b, et sur l'institution de la *parakatatheke*, W. Hellebrand, *RE* XVIII (1949), 1186–1202; parmi les textes p. ex. Isocr., XXI 2, τρία δὲ τάλαντα ἀργυρίου Εὐθύνῳ φυλάττειν (n.b.) ἔδωκεν.

ἐπαγγειλαμένῳ. C'est une croyance centrale du Judaïsme et du christianisme que les promesses faites par Dieu aux fidèles, cf. Schniewind et Friedrich, *TW* II, 575–82, de Bovis, *Dictionnaire de spiritualité* V,

535–36; sur le mot ἐπαγγελία dans les inscriptions grecques et chrétiennes, Robert, *Hellenica* XI–XII, 408. Ici il n'est pas question, semble-t-il, d'une citation textuelle: le rédacteur songe à plusieurs passages du Nouveau Testament, en premier lieu la Béatitude de Matt. 5.10–12, μακάριοι οἱ δεδιωγμένοι ἕνεκεν δικαιοσύνης . . . ὅτι ὁ μισθὸς αὐτῶν πολὺς ἐν τοῖς οὐρανοῖς; cf. aussi II Petr. 2.3–9; 3, 13; Apoc. 2.10 (en parlant précisément de Smyrne).

XXII

1. τοιοῦτον . . . φῶς. La phrase entière a une allure liturgique: cf. la liturgie des défunts conservée dans *Const. Apostol.* VIII 41.8 (SC 336, 258), δὸς αὐτοῖς τὸν ἀγῶνα τελέσαι τὸν καλόν, τὸν δρόμον ἀνῦσαι, τὴν πίστιν τηρῆσαι ἀτρέπτως, ἀμέμπτως, ἀνεγκλήτως, διὰ τοῦ Κυρίου ἡμῶν Ἰησοῦ Χριστοῦ τοῦ ἀγαπητοῦ σου Παιδός.

διανύσας, "porté à son terme," sans nuance morale, comme l'entend Hilhorst; le *Thesaurus* cite Ael. Aristid., XVII 13, ὅσοι ἐπὶ ῥαστώνης τὸν βίον διανύσαι προείλοντο.

ἀμώμητον, ἀνέγκλητον, ἀδιάφθορον. Pour le "tricolon privatif," fait de langue très répandu, E. Fraenkel, *Aeschylus: The Agamemnon* (Oxford, 1950), II, 217; pour un exemple liturgique, voir ci-dessus.

μεσίτην: allusion à I Tim. 2.5, εἷς καὶ μεσίτης θεοῦ καὶ ἀνθρώπων, ἄνθρωπος Ἰησοῦς Χριστός. Pour une conception analogue dans le Mithraïsme, Nilsson, *GGR* II³, 576.

διῆλθε . . . φῶς. La phrase mélange plusieurs images tirées du Nouveau Testament: la porte étroite contrastée avec la porte large (στενὴ, πλατεῖα πύλη) de Matt. 7.13, peut-être la porte (domestique) étroite (στενὴ θύρα) de Luc 13.24, en plus Apoc. 3.8, δέδωκα ἐνώπιόν σου θύραν ἠνεῳγμένην.

Pour la lumière du royaume de Dieu, Lampe s.v. φῶς E; cf. *Pass. Perp.* 11, 2 (vision de Saturus), "liberati primo mundo uidimus lucem immensam."

2. ἐσημάνθη . . . τοῦ σώματος: autrement dit, la conservation miraculeuse de son corps fut une marque de la faveur divine et de son entrée au ciel comme martyr attitré. Pour ce détail canonique des martyres, déjà Dan. 3.94 (LXX), οὐχ ἥψατο τὸ πῦρ τοῦ σώματος αὐτῶν, καὶ αἱ τρίχες αὐτῶν οὐ κατεκάησαν καὶ τὰ σαράβαρα αὐτῶν οὐκ ἠλλοιήθησαν; ib. 6.23 (Theodot.), πᾶσα διαφθορὰ οὐκ εὑρέθη ἐν αὐτῷ, ὅτι ἐπίστευσεν ἐν τῷ θεῷ αὐτοῦ; *Mart. Polycarpi* 15.2, "pas comme la chair brûlée, mais comme le

pain cuit ou comme l'or et l'argent chauffés dans le four." Le *Martyre* de Philippe, évêque d'Héraclée mort en 304, dont l'auteur semble avoir été influencé par le *Martyre de Pionios* sur plus d'un détail, contient un passage très semblable: "on trouva le bienheureux Philippe, les bras étendus en prière. Le corps du vieillard s'était renouvelé dans l'éclat de la jeunesse," etc. (*Pass. Phil.* XIV, 2 ed. Franchi, *Note 9*, 137–65); cf. Leclercq, *DACL* V, 1460; Franchi, op. cit. 122–27, surtout 123.

ὁ στέφανος. La couronne comme insigne des martyrs se trouve déjà dans IV Macc. 17.11–16, surtout 15, θεοσέβεια δὲ ἐνίκα, τοὺς ἑαυτῆς ἀθλητὰς στεφανοῦσα: dans la suite l'image est comme corroborée par divers éléments du Nouveau Testament, la couronne d'épines du Christ, "Stephanos" comme nom du protomartyr, une métaphore célèbre de Paul (I Cor. 9.24–25, cf. *II Clem.* 7.1–4), les couronnes des Anciens dans Apoc. 4.4, 4.10. Sur la couronne comme motif dans l'iconographie des martyrs, Leclercq, *DACL* X, 2491–94; A. Grabar, *Martyrion* II (Paris, 1946), 55–58; Clarke, *Cyprian* IV, 235 n. 31. Un parallèle frappant chez Lucien de Samosate: après la mort de Pérégrinos Proteus, un de ses disciples dit l'avoir vu à Olympie "couronné d'olivier sauvage" (*Peregr.* 40).

ἀκμάζοντος ἀθλητοῦ κεκοσμημένου. L'image de l'athlète, liée à celui de la couronne, est parmi les plus fréquentes dans la littérature martyrologique: Leclercq, *DACL* I (1924), 3105–11. En même temps il rejoint le thème des "illibata membra," cf. sur s. 1. Pour l'ἀκμή des athlètes, Dion Chrys., 29, 4, ἀνθούσης ἀεὶ τῆς ἀκμῆς; Robert, *L'Antiquité Classique* 37 (1968), 407 (*OMS* VI, 83), ἐν τῆι καλλίστηι ἀκμῆι; comparer l'association athlétique des ἀκμασταί de Thyatire de Lydie, *TAM* V, 2, no. 957 et 1014.

3. L'addition d' οὐ (von Gebhardt) s'impose, cf. la version médiévale, "habebat rectas aures, meliores crines, barbam florentem" (le traducteur slave donne "brillants," ayant peut-être le même texte que voici). Le mot μυλλός est fort rare, et cet exemple a échappé au LSJ. L'idée de base, du moins dans des cas comme celui-ci, semble être "tordu," cf. Hesych. s.v. μύλλον (ainsi accentué: M 1858 Latte), καμπύλον, σκολιόν, κυλλόν, στρεβλόν . . . καὶ παροιμία ἐπὶ τῶν ἀκουόντων καὶ μὴ προσποιουμένων (cf. Kassel et Austin, *Poetae Comici Graeci* IV, Cratinus fr. 96); id. s.v. μεμύλ-ληκε (M 828 Latte), διέστραπται, συσέστραπται; Eust., *Comm. in Il.* 906, 54 (II 398, 2 van der Valk), μυλλὸς δὲ διεστραμμένος τὴν ὄψιν (cf. Kassel et Austin, op. cit. VII Myllus, test. 3, 5). Noter le nom Μύλλος et autres

de la même racine, Μυλλίων, etc., Robert, *Noms indigènes,* 155, 256; aussi le synonyme κυλλός, surtout Hippocr., *Artic.* 40 (IV 174 Littré), κυλλὸν ἔσται τὸ οὖς καὶ μεῖον τοῦ ἑτέρου.

ἰούλοις ἐπανθοῦν: ἐπανθοῦ<σι>ν von Gebhardt, peut-être avec raison.

4. ἐπέλαμπε . . . θαυμαστή. La version médiévale donne, "mira praeterea gratia de uultu eius arrisit," mais il n'y a aucune raison de corriger le texte: pour ἐπιλάμπω employé transitivement, "faire briller," cf. Plot., IV 7, 10 (II 160, 37 Henry-Schwyzer, cité par LSJ), (τὸ ἀγαθὸν) πᾶσιν ἐπίλαμπει τοῖς νοητοῖς ἀλήθειαν.

πάλιν, "de plus"; Bauer⁶, 1227, 3, *"weiterhin, ferner,* Gleichartiges aneinanderreihend."

τὸ συνειδὸς. Sur ce sens, "conscience," voir Maurer, *TW* VII (1964), 897–918; Bauer⁶, 1577, σύνοιδα 2. À la différence de la forme habituelle συνείδησις, attestée déjà au Vᵉ s., le participe paraît pour la première fois dans Demosth., XVIII 100, pour devenir fréquent aux époques hellénistique et romaine, souvent avec le sens de "mauvaise conscience": ainsi Plut., *De prof. in uirt.* 84D, τῷ συνειδότι τοῦ ἐνδεοῦς δακνόμενος.

XXIII

ἐπὶ . . . κατὰ Ῥωμαίους. La date est l'année 250. Le texte a été établi essentiellement par J. B. Lightfoot (*The Apostolic Fathers*² II, 1 [Londres et New York, 1889]). Le sixième mois du calendrier d'Asie commençant le 21 février (*a.d. IX Kal. Mart.*), le dix-neuvième jour correspond au 12 mars (*a.d. iv Id. Mart.*); dans le calendrier de Smyrne, ce mois était appelé Hiérosébastos. Cf. L. Robert, *REA* 38 (1936), 23–28 (*OMS* II, 786–91); A. E. Samuel, *Greek and Roman Chronology* (Munich, 1972), 171–76. Pour les dates romaines et locales données ensemble dans les documents, U. Laffi, *Studi Classici e Orientali* 16 (1967), 75–79 (où manque celle-ci); précisément à Smyrne, Petzl, *Inschriften,* no. 202, 15–17 (*IGR* IV 1465). Après ces précisions, la date "étant roi notre seigneur Jésus-Christ" a un ton presque méprisant, où s'exprime le désintéressement chrétien pour les choses mondaines (cf. sur I.2, ἐπεδήμει τῷ κόσμῳ); pour des parallèles, Hilhorst *ad loc.*

APPENDICE

Traduction du texte vieux-slave
par
André Vaillant

Mois de mars, 12. Martyre de saint Pionios, presbytre de la ville de Smyrne.

L'apôtre prescrit de s'associer à la mémoire des saints, sachant que qui fait mémoire[1] avec tout coeur et foi affermit les autres aussi voulant imiter de plus grands.[2] Pionios le martyr, il convient davantage encore de le commémorer, parce que quand il était dans le monde il a détourné beaucoup (d'hommes) de l'erreur, ayant été homme apostolique parmi nous, et qu'à la fin, quand il a été appelé auprès du Seigneur et a été martyrisé, il a laissé cet écrit pour notre instruction, pour que nous ayons jusqu'à maintenant le souvenir de son enseignement.

Le sixième mois, deuxième jour, le grand sabbat commençant, le jour où naquit le bienheureux martyr Polycarpe, persécutions étant de l'empereur Dèce à Smyrne, furent appréhendés Pionios le presbytre et Sabine[3] l'homologète et Asclépiade et Macédonè et Limnos le presbytre de l'église catholique. Pionios avait vu, un jour avant celui où naquit Polycarpe, qu'en ces jours ils seraient arrêtés. Étant avec Sabine et avec Asclépios,[4] jeûnant, quand il vit qu'un matin de ce jour ils devaient être arrêtés, ayant pris trois chaînes tressées, il les mit à son cou et à Sabine et Asclépios, et ils attendaient assis dans la maison. Il fit cela à cause de ceux qu'on em-

---

[1] Peut être altéré de "que faire mémoire."
[2] Peut être altéré de "de plus grandes choses."
[3] Tantôt Sabine, tantôt Sabina.
[4] Tantôt Asclépiade, tantôt Asclépios.

menait, pour que certains ne comprennent pas que, comme les autres, ils vont se souiller dans les sacrifices, mais que tous voient qu'ils ont l'intention d'aller aussitôt en prison.

Eux ayant prié et goûté du pain et de l'eau, vint à eux Polémon et ceux qui étaient avec lui pour rechercher et traîner les chrétiens aux sacrifices et à la souillure. Et Polémon dit: "Nous savons[5] donc, Pionios, les ordres de l'empereur, qu'il vous prescrit de sacrifier aux dieux." Pionios dit, "Nous savons les commandements de Dieu, dans lesquels il nous prescrit de l'adorer lui seul." Polémon dit: "Allez donc à l'assemblée et là[6] vous vous engagerez."[7] Asclépiade et Sabine dirent: "Nous, c'est au Dieu vivant que nous nous soumettons et que nous nous engageons." Polémon les emmena et, quand ils arrivèrent, tous virent qu'ils portaient des liens, et, comme à une merveille paradoxale, les foules accouraient aussi vite que possible, en sorte de se repousser les uns les autres. Et eux étant venus au lieu où ils s'étaient rassemblés, tout ce lieu s'emplit, et les montées et les étages, d'Hellènes et de Juifs et de femmes. Ils chômaient parce que c'était le grand sabbat.

Ils les placèrent au milieu d'eux, et Polémon dit: "Ô Pionios, soumettez-vous comme tous, et sacrifiez pour ne pas être suppliciés." Ayant étendu la main, Pionios, le visage brillant, répondant, dit: "Hommes qui vous glorifiez de la beauté de Smyrne, et ceux des Juifs qui sont venus parmi vous, écoutez-moi qui vous dis peu (de mots). Car j'entends que de ceux qui viennent d'eux-mêmes, comme en riant et vous en réjouissant, vous estimez des jeux leur faute,[8] parce qu'ils sacrifient contre leur gré. Il conviendrait à vous, les Hellènes, d'obéir à votre maître Homère, qui conseille: il n'est pas digne de se vanter sur des hommes qui meurent. Et à vous, ô Juifs, Moïse prescrit que: si tu vois l'âne de ton ennemi tombé sous le fardeau, ne passe pas, mais le relevant relève-le. Et de même Salomon disant: si ton ennemi tombe, ne te réjouis pas, et sur son trébuchement ne t'exalte pas. Car moi c'est à mon maître que j'obéis: je choisirai de mourir plutôt que de transgresser sa parole, et je lutte pour ne pas

---

[5] Peut être altéré de "vous savez" d'après "nous savons" qui suit.

[6] Altéré en "et à celui-là," qui se comprend aussi "pour qu'à celui-là."

[7] Le verbe slave signifie "se lier par promesse, s'engager, faire profession de foi."

[8] Mais plus exactement, "faillite," si le mot s'employait dans ce sens: c'est le fait de rater.

changer ce que j'ai d'abord appris, et ensuite enseigné. De quels (hommes) donc riront les Juifs? Même si nous sommes leurs ennemis, comme ils le disent, mais des hommes encore haïssant (faire) tort.[9] Disons à qui nous avons fait tort, qui nous avons chassé, qui nous avons tué, ou qui nous avons contraint aux idoles. Ou ils estiment: leurs péchés à eux sont semblables à ceux de qui les font maintenant par crainte des hommes. Mais c'est autant supérieur que les péchés volontaires aux involontaires. Qui donc[10] a contraint les Juifs à sacrifier à Belphegor, ou à manger les sacrifices des morts, ou à forniquer parmi les filles des allogènes, ou à brûler aux idoles leurs fils et leurs filles, ou à murmurer contre Dieu ou à s'opposer à Moïse et même[11] n'avoir pas de gratitude pour les bienfaiteurs, ou à se tourner de coeur vers l'Égypte, ou, Moïse étant monté prendre la loi, à dire à Aaron: fais-nous des dieux et (fais-nous) faire un veau? Car vous, ils peuvent vous tromper, parce que vous sont lus les livres des Juges, des Rois, de l'Exode, et tous ceux[12] sur quoi ils sont dénoncés. Mais ils cherchent pourquoi certains, non contraints, viennent d'eux-mêmes au sacrifice. Et est-ce qu'à cause de ceux-là vous blâmez tous les chrétiens? Pensez que la vie qui est est semblable à une aire: quel tas est le plus grand, de la paille ou du blé? Car lorsque viendra le cultivateur avec sa pelle pour nettoyer l'aire,[13] la paille étant légère, elle est facilement emportée par le vent, et le blé reste là. Voyez encore le filet jeté:[14] est-ce que tout ce qu'il ramasse est de profit? Ainsi aussi la vie actuelle. Comment donc voulez-vous qu'en cela nous souffrions, comme justes ou bien comme injustes? Si c'est comme injustes, comment donc vous-mêmes, dénoncés par ces oeuvres injustes, faites-vous la même chose? Ou si c'est comme justes, les justes souffrant, quelles espérances avoir pour vous? Car si le juste se sauve à peine, l'impie et le pécheur, où se montrera-t-il? Car le jugement du monde menace, ce de quoi nous avons été informés par beaucoup (de choses). Moi, et étant parti et ayant parcouru toute la terre juive, ayant traversé le Jourdain j'ai vu la terre jusqu'à maintenant témoignant de la colère divine qui a été sur elle, à cause de qui commet-

[9] Mot-à-mot du slave.
[10] Peut être altéré de "Car qui."
[11] Sans doute altéré.
[12] Mot-à-mot de slave altéré.
[13] Matt. 3.12 = Luc 3.17.
[14] Matt. 13.47.

taient les péchés et vivaient sur elle, tuant les étrangers et beaucoup d'autres (choses), faisant violence. J'ai vu une fumée montant d'elle jusqu'à maintenant et une terre réduite en cendre par le feu, et vide de tout fruit et de l'humidité de mouillure.[15] J'ai vu aussi la Mer Morte, eau changée, déchue de son essence par la crainte de Dieu, et ne pouvant pas nourrir en elle d'animal, et quelqu'un entrant en elle sous l'eau elle le rejette dehors,[16] et ne pouvant pas retenir en elle un corps d'homme. Car elle ne veut pas recevoir (chose) humaine, pour ne pas à cause d'un homme encourir à nouveau des menaces. Et cela, je vous le dis loin de vous. Vous, vous avez vu et vous racontez la terre de Lydie [et] de Décapole brûlée par le feu et se présentant jusqu'à maintenant pour l'admonition des impies, l'Etna dans la Sicile des îles,[17] le feu en sortant. Si cela aussi est loin de vous, concevez l'eau chaude sortant de la terre et concevez d'où elle s'allume et d'où elle s'échauffe, s'il n'y a pas un feu sous la terre. C'est pourquoi je vous fais proclamation sur le jugement par Dieu qui doit avoir lieu par le feu grâce à son Verbe Jésus Christ. Et à cause de cela nous ne servons pas vos dieux et nous n'adorons pas l'idole d'or."

Ces paroles et beaucoup d'autres ayant été dites par Pionios, Polémon et ceux qui étaient avec lui et toute la foule se turent, écoutant, en sorte que personne ne soufflait mot. Pionios ayant dit à nouveau que: "Nous ne servons pas vos dieux et nous n'adorerons pas l'idole d'or," ils les amenèrent au milieu et ils placèrent près d'eux[18] quelques-uns de l'assemblée avec Polémon, priant et disant: "Laisse-toi convaincre par nous, Pionios, parce que nous t'aimons, et pour beaucoup (de raisons) tu es digne de vivre, à cause de ta vertu et de ta douceur. Il est bon que tu vives[19] et de voir cette lumière," et beaucoup d'autres (paroles). Et lui à eux: "Moi aussi je dis qu'il est bon de vivre, mais cela est meilleur que nous nous aimons; et la lumière, <mais> celle-là, la vraie. Et tout cela donc est bon, et ce n'est pas en haïssant les oeuvres de Dieu que nous (le)

---

[15] Mot-à-mot approximatif: adjectif *makrotin* — "d'humidité," puis substantif *vlagy* "de l'humidité." Le slave ne traduit sûrement pas οὐσία, mais sa traduction embarrassée pourrait être celle d'un composé ὑγρουσία.

[16] Sûrement remanié.

[17] Une "île": altéré.

[18] Sûrement altéré de "et se placèrent près d'eux."

[19] Sûrement altéré de "de vivre."

fuyons, mais nous voulons d'autres (choses) plus grandes et celles-ci nous les dédaignons."

Un certain Alexandros, homme méchant, dit: "Écoute-nous, Pionios." Pionios dit: "Toi, écoute-moi. Car ce que toi tu sais je le sais, et ce que moi je sais tu ne le sais pas." Alexandros voulut se moquer de lui et dit en se moquant: "Et ces liens, à cause de quoi sont-ils sur toi?" Pionios dit: "À cause de ceci: que ceux qui traversent votre ville ne comprennent pas que nous sommes venus ayant sacrifié et nous étant souillés, et pour que vous sachiez que nous ne voulons pas même être interrogés, mais que nous allons en prison volontairement, et que, nous ayant saisis, vous ne nous menez pas nous aussi comme les autres volontairement,[20] mais que, du fait que nous portons des liens, vous nous laissiez. Car avec les liens vous ne nous amènerez pas à vos idoles." Et ainsi Alexandros se tut. De nouveau ceux-là le priant, [celui-là][21] lui disant, "Ainsi nous avons décidé [et nous nous sommes précipités],"[22] et les réfutant (en) beaucoup (de paroles) et leur racontant (beaucoup) sur les choses à venir, Alexandros dit: "Quel besoin donc avons-nous de ces paroles de vous, puisque même vous êtes indignes de vivre?"

Comme le peuple voulait faire un spectacle d'assemblée pour en entendre là davantage, certains (des hommes) du stratège vinrent dire à Polémon: "Ne lui permets pas de parler, pour qu'ils n'entrent pas dans le théâtre et qu'il n'y ait pas tumulte et enquête à son sujet." Ayant entendu cela, Polémon dit: "Pionios, si tu ne veux pas sacrifier, viens au moins au lieu des idoles." Lui dit: "Mais il n'y aura pas profit pour les idoles si nous y venons." Polémon dit: "Laisse-toi convaincre par nous, Pionios." Pionios dit: "Si moi je pouvais vous convaincre de devenir chrétiens!" Eux, riant beaucoup, dirent, "Tu n'as pas à faire cela, pour que nous soyons brûlés vifs." Pionios dit: "C'est bien pis de brûler mort." Comme Sabine avait souri, Polémon et ceux qui étaient avec lui dirent: "Tu ris?" Elle dit: "Oui, si Dieu le veut, car nous sommes chrétiens. Car tous ceux qui croient au Christ riront dans la vie éternelle." Ils lui dirent: "Pour

[20] Sûrement altéré de "de force."

[21] Mot interpolé.

[22] Autre interpolation: "nous avons décidé" (*ustavixomŭ*) a du être écrit par erreur "nous nous sommes précipités" (*ustrŭmixomŭ*), et le mot raturé a été maintenu à côté de sa correction.

toi,[23] ce que tu ne veux pas, il te faudra l'accepter. Car les femmes qui ne sacrifient pas sont mises dans le lieu de prostitution." Elle dit: "C'est au Seigneur saint d'en prendre soin."

De nouveau, Polémon dit à Pionios: "Laisse-toi convaincre par nous, Pionios." Pionios dit: "Il t'est ordonné ou de convaincre, ou de châtier. Si tu ne peux pas convaincre, alors châtie." Alors Polémon, interrogeant, dit: "Sacrifie, Pionios." Pionios dit que: "Je suis chrétien." Polémon dit: "Quel dieu honores-tu?" Pionios dit: "Le Dieu tout puissant qui a fait le ciel et la terre et tout ce qui est en eux et nous tous, qui nous a procuré toute richesse,[24] que nous avons connu grâce à son Verbe Jésus Christ." Polémon dit: "Sacrifie donc selon l'ordre de l'empereur."[25] Pionios dit: "Moi je ne fais pas de sacrifice à un homme, car je suis chrétien."

Polémon dit: "Es-tu chrétien?" Pionios dit: "Oui." Polémon dit: "De quelle Église?" Il répondit: "De la catholique, car il n'y en a pas d'autre (venant) du Christ." Après cela il vint à Sabine. Car Pionios lui avait dit auparavant que: "Nomme-toi Théodotè, pour ne pas retomber du fait de ton nom dans les mains de ton inique ancienne maîtresse." Car sa maîtresse, dans les temps de l'empereur Gordien, voulant détourner Sabine de la foi, l'avait chassée d'auprès d'elle, l'ayant enchaînée. Ensuite, étant avec Pionios, elle fut arrêtée dans cette persécution. Polémon dit donc à elle aussi: "Comment t'appelles-tu?" Elle dit: "Théodotè." Lui dit: "Es-tu chrétienne?" Elle dit: "Oui, je suis chrétienne." Polémon dit: "De quelle Église?" Sabine dit: "De la catholique." Polémon dit: "Quel dieu honores-tu?" Sabine dit: "Le tout-puissant qui a fait le ciel et la terre et nous tous, que nous avons connu grâce à son Verbe Jésus Christ." Ensuite Polémon interrogea Asclépiade: "Et toi aussi tu es chrétien?" Asclépiade dit: "Oui." Polémon dit: "De quelle Église?" Asclépiade dit: "De la catholique." Polémon dit: "Quel dieu honores-tu?" Asclépiade dit: "Jésus Christ." Polémon dit: "Celui-ci est-il donc un autre?" Asclépiade dit: "Non, mais le même que celui que ces deux-ci ont nommé."

Cela dit, on les mena en prison. À la suite allait une foule nombreuse, en sorte que toutes les places (de la ville) étaient pleines. Certains disaient

---

[23] Ms. "car toi," mais l'altération est courante en slave de "quant à" (*ubo* = μέν) en "car" (*bo*).

[24] Sûrement altéré de "qui nous procure tout richement": c'est I Tim. 6.17.

[25] Sûrement altéré de "Sacrifie donc du moins à l'empereur" (*po <ně> cěsaru*, devenu *po cěsaru*, "selon l'empereur," et complété par "l'ordre").

de Pionios: "Comment, étant toujours blême, son visage maintenant est-il vermeil?" Sabine le tenant par ses vêtements à cause de la poussée de la foule, certains disaient en se moquant: "La tante[26] a peur d'être repoussée." L'un d'eux s'écria: "S'ils ne sacrifient pas, qu'on les supplicie." Un certain autre disait: "Voici,[27] l'homme va sacrifier." Il le disait à cause de celui qui était avec nous, Asclépiade. Pionios dit: "Toi tu mens, car ce n'est pas cela que fait Asclépiade." D'autres disaient: "Celui-ci et celui-ci[28] ont sacrifié." Pionios dit: "Chacun a sa volonté. Qu'est-ce donc pour toi?[29] Moi, je m'appelle Pionios."

Comme il avait dit cela, avec peine, étant serrés par la foule, on les amena dans la prison, les remettant aux gardiens. Etant entrés, ils trouvèrent enfermé un presbytre de l'église catholique du nom de Limnos, et une femme macédonienne,[30] et un de la foi phrygienne du nom d'Eutychiakos. Comme ils étaient donc ensemble, ceux qui gardaient la prison surent que les gens de Pionios[31] ne prenaient pas ce qui était apporté par les fidèles. Car Pionios disait que: "Quand nous avions besoin plus grand, nous n'avons été <à charge>[32] à personne, et maintenant comment voulons-nous prendre?" Les gardiens de la prison se mirent en colère, et s'étant mis en colère ils les emmenèrent plus à l'intérieur, en sorte qu'ils n'avaient plus aucune charité. Ils se turent, glorifiant Dieu qui leur procurait les (choses) habituelles, en sorte que les gardiens se repentirent (pour) les sortir de nouveau en avant de la prison. Eux restèrent, disant: "Gloire au Seigneur, car cela nous est arrivé pour notre bien. Car nous avons la latitude et de converser et de prier Dieu jour et nuit."

Cependant donc, dans la prison, il venait aussi beaucoup (de personnes), des gentils, voulant persuader, et entendant leur réponse ils s'étonnaient. Entraient aussi tous ceux des frères chrétiens qui étaient traînés, faisant une grande lamentation à toutes heures, surtout sur les hommes de bien et qui avaient été en bonne (situation de) vie, en sorte que Pionios pleurait et disait: "Sans raison, sans raison vous nous suppli-

---

[26] Le traducteur a lu ἡ θεία ou ἡ τηθίς. Le slave n'indique pas qu'il s'agisse de nourrice (gr. mod. τιθή), ni de sevrage.

[27] Lu ἰδού.

[28] Traduction slave de "un tel et un tel."

[29] Sûrement altéré de "pour moi."

[30] Mais plus haut Macédonè ([Supr.] 124.26).

[31] Traduction slave de "Pionios et ceux avec lui."

[32] Omis dans le manuscrit.

ciez, sans raison vous nous tranchez,[33] voyant les perles de l'église foulées par les porcs et les étoiles du ciel sous la queue du dragon entraînées sur la terre, la vigne qu'a plantée la droite de Dieu endommagée par les porcs, et celle-ci, maintenant, tous ceux qui passent la vendangent. Mes enfants, que j'enfante à nouveau jusqu'à ce que le Christ se forme en vous, mes tendres (enfants) sont allés par un chemin rude. Maintenant Suzanne a été épiée par les deux vieillards iniques, maintenant ils découvrent la tendre et belle pour se rassasier de sa beauté et l'accusent mensongèrement. Maintenant donc (ce n'est) pas la faim de pain ni la soif de l'eau, mais d'entendre la parole du Seigneur. Maintenant donc toutes les vierges se sont assoupies et dorment. Car la parole du Seigneur Jésus s'est accomplie: Est-ce que le Fils de l'Homme trouvera la foi sur la terre? J'apprends que même un chacun livre son prochain, pour que s'accomplisse ce qui a été dit: le frère livrer son frère à la mort. Est-ce que Satan vous a réclamés pour vous cribler comme le froment?[34] Mais que personne ne pense, enfants, que Dieu est devenu impuissant, mais nous. Car il dit: Est-ce que ma main, dit-il, ne peut pas vous enlever, ou est-ce que mon oreille s'est alourdie pour ne pas entendre? Mais vos péchés font séparation au milieu de nous et de Dieu. Nous avons été paresseux,[35] d'autres même dédaigneux. Nous avons commis l'iniquité, nous mordant l'un l'autre et nous mangeant[36] l'un l'autre. Nous nous sommes fait mourir nous-mêmes. Il convenait que nous ayons la justice en excédent plus que les scribes et les Pharisiens.

Car j'apprends qu'il y a aussi quelques-uns de vous que les Juifs appellent dans les synagogues. Aussi faites attention qu'aucunement, et en grand et en petit,[37] et volontaire le péché ne vous touche, et qu'aucun de vous ne pèche du grand péché et du blasphème, celui contre le Saint Esprit. Ne soyez pas ensemble avec eux les princes de Sodome et le peuple de Gomorrhe dont les mains sont pleines de sang. Nous, nous n'avons ni tué de prophète, ni livré ni crucifié le Christ. Et pourquoi vous parler beaucoup? Souvenez-vous de ce que vous avez entendu, et maintenant

---

[33] Mot-à-mot strict, le slave différant du grec.

[34] Même traduction slave que Luc 12.31. Complément dans le manuscrit de Moscou; voir p. 135.

[35] Le traducteur a lu ἠμελήσαμεν.

[36] Mais "mangeant" (*jadošte*) est altéré de "accusant" (*vadęšte*).

[37] Texte très douteux.

entretenez-vous de ce que vous avez appris. Parce que ceci aussi vous l'a-
vez entendu que les Juifs ont dit: le Christ était un homme et il a reposé
comme par mort violente. Qu'ils nous disent de quel homme mort de
mort violente le monde entier s'est empli de disciples, de quel homme
mort de mort violente les disciples et d'autres avec eux, si nombreux, sont
morts pour le nom de leur maître; au nom de quel homme mort de mort
violente, pendant tant d'années, les démons sont chassés, et toutes les
autres grandes choses qui ont lieu dans l'église catholique. Ils ignorent
que le mort de mort violente est celui qui, de sa propre volonté, se retire
lui-même de la vie." [38]

Ayant dit cela, il leur ordonna de sortir en se hâtant de la prison.
Vinrent à eux le néocore et l'éparque Théophile avec une foule
nombreuse, disant: "Voici, votre chef Euktémon s'est donné[39] et il a sacrifié. Laissez-vous convaincre aussi. Car Lepidon[40] et Euktémon vous in-
terrogent." Pionios dit: "Ceux qui sont conduits en prison, il convient
qu'ils attendent l'anthypate, pour que nous voyions ce qu'il leur ordonne." Ils s'en allèrent, leur ayant dit beaucoup (de paroles), et ils revinrent avec une foule nombreuse. L'éparque Théophile dit par ruse: "L'anthypate a envoyé (quelqu'un) pour que vous soyez menés à Éphèse."
Pionios dit: "Que vienne celui qui a été envoyé et qu'il nous prenne."
Théophile dit: "Mais le Princeps est plus honorable,[41] et toi, plutôt, va à
lui; ou si tu ne veux pas, nous sommes princes,[42] et ce que je veux je le
fais." L'ayant lié par le cou il le donna à conduire aux soldats, en sorte de,
peu s'en faut, l'étrangler. Il vint donc sur les places, et Sabine, et eux deux
criant à grande voix: "Nous sommes chrétiens," et se jetant à terre pour
ne pas être menés au (temple) des idoles, six soldats portaient Pionios la
tête en bas, et ne pouvant pas le tenir ils cognaient avec les genoux dans
les côtes et le traînaient par les mains et par les pieds, criant.

Ceux qui le portaient l'apportèrent,[43] et ils le posèrent à terre dans le
(temple) des idoles. Euktémon se tenait encore près du (temple) des idoles,
et Lepidon dit: "Pourquoi, vous, ne sacrifiez-vous pas, Pionios?" Pionios

---

[38] Complément dans le manuscrit de Moscou; voir p. 135.
[39] Le terme slave signifie plutôt "se livrer (aux autorités)" que "céder."
[40] Tantôt Lépidon, tantôt Lépide.
[41] La statue de l'empereur au Néméseion?
[42] Peut être altéré de "je suis prince" ("prince" = gr. ἄρχων).
[43] Peut être altéré de: "Criant, ils l'apportèrent, le portant."

dit: "Parce que nous sommes chrétiens." Lépide dit que: "Quel dieu honorez-vous?" Pionios dit: "Celui qui a créé le ciel et la terre et la mer et tout ce qui est en eux." Lépide dit: "Le crucifié donc, qui est-ce?" Pionios dit: "Celui que Dieu a envoyé pour le salut du monde." Les princes ayant grandement crié rirent, et Lepidon se mit à le maudire. Pionios cria: "Dieu (est) fidèle, et n'ayez pas honte,[44] honorez la justice, connaissez ceux qui sont semblables à vous, suivez vos lois. Vous nous suppliciez comme n'obéissant pas, et vous n'obéissez pas. Il vous est ordonné de supplicier, et non de contraindre."

Et un certain Rufinus, présent, <étant>[45] dans l'art de la rhétorique, lui dit: "Arrête, Pionios, ne te magnifie pas." Et lui à lui: "Est-ce que ce sont là tes rhétoriques? Est-ce que ce sont là tes livres? Ces (choses)-là, Socrate ne les a pas souffertes des Athéniens. Alors, est-ce que Socrate et Aristide et Anaxarque et les autres se magnifiaient de ce qu'ils aimaient et la philosophie et la justice et la constance?"[46]

Un certain qui était dans un rang et une gloire du monde dit: "Ne crie pas, Pionios." Pionios dit: "Ne contrains pas, mais allume un bûcher et de nous-mêmes nous y entrerons."[47] Un certain Terentius, de la foule, cria: "Vous savez que celui-ci incite les autres aussi à ne pas sacrifier." Et déjà donc ils avaient posé sur eux (deux) des couronnes, mais eux (deux) les déchirant les rejetèrent. Le démosios se tenait debout tenant l'idole de sacrifice, il n'osait s'approcher d'aucun, mais lui-même, devant tous, le démosios en mangea. Comme eux (deux) criaient: "Nous sommes chrétiens," n'ayant pas trouvé ce qu'ils avaient à faire, ils les ramenèrent en prison. Et la foule se moquait d'eux et les souffletait. Et à Sabine quelqu'un dit: "Toi, tu ne pouvais pas (aller) mourir dans ta patrie?" Elle dit: "Quelle est ma patrie? Moi, je suis la soeur de Pionios." Asclépiade dit à Pionios:[48] "Ne me crains-tu pas en cela?" Et ainsi (eux deux)[49] furent conduits en prison. Comme Pionios entrait dans la prison, un des soldats le frappa sur la tête, fortement, en sorte de le blesser. Lui se tut. Les mains

---

[44] Sûrement altéré de "ayez honte (respect) de la foi en Dieu."

[45] Par correction de "celui-ci" du manuscrit.

[46] Complément dans le manuscrit de Moscou; voir p. 135.

[47] Le traducteur a lu πυρὰν ἄψον καὶ αὐτοὶ εἰσ(ανα)βαίνομεν.

[48] Altéré par une lacune.

[49] Le duel en slave dans tout le passage, comme s'il s'agissait uniquement de Pionios et de Sabine.

de celui qui l'avait frappé et ses côtes s'enflammèrent en sorte qu'il pouvait à peine respirer. Etant entrés (tous deux) dans la prison, ils glorifièrent Dieu parce qu'ils étaient restés au nom du Christ sans dommage et que l'ennemi ne s'était pas glorifié à leur sujet. Et ils restèrent dans les chants et les prières, s'affermissant eux-mêmes.

Après cela l'anthypate vint à Smyrne. Et Pionios ayant été amené, l'anthypate siégeant sur le tribunal,[50] il se mit à l'interroger: "Comment t'appelles-tu?" Il répondit: "Je m'appelle Pionios." L'anthypate dit: "Sacrifies-tu?" Il répondit: "Non." L'anthypate interrogea: "Quelle foi as-tu?"[51] Il répondit: "Je suis presbytre de l'église catholique." L'anthypate dit: "Tu es leur enseignant?" Il répondit: "Oui." L'anthypate dit: "De la folie tu es enseignant." Pionios répondit: "Je le suis de la foi divine, et je crois au Seigneur qui a créé toutes choses." L'anthypate dit: "Sacrifie." Il répondit: "Non, j'ai appris à croire à Dieu de la façon qui convient à Dieu."[52] Lui dit: "Tous nous honorons les dieux, et le ciel et les dieux qui sont dans le ciel. Pourquoi regardes-tu vers l'air? Sacrifie-lui." Il répondit: "Ce n'est pas vers l'air que je regarde, mais vers celui qui a fait l'air et le ciel et ce qui est dans le ciel." L'anthypate dit: "Dis qui a fait." Il répondit: "Il ne convient pas de le dire." L'anthypate dit: "Le dieu donc qui est Zeus, qui est dans le ciel, car il est le roi de tous les dieux."

Comme Pionios se taisait, et qu'il avait été suspendu, ils dirent: "Sacrifie." Il répondit: "Non." De nouveau, l'ayant torturé avec des ongles, ils dirent: "Repens-toi."[53] Il répondit: "Je ne suis pas devenu fou, mais je crains le Dieu vivant." L'anthypate: "Et beaucoup d'autres ont sacrifié et sont vivants et sont raisonnables." Il répondit: "Je ne sacrifie pas." L'anthypate dit: "Pourquoi te hâtes-tu vers la mort?" Pionios dit: "Je ne me hâte pas vers la mort, mais vers la vie." L'anthypate dit: "Ce n'est pas une grande merveille que tu fais en te hâtant vers la mort. Mais puisque donc tu te hâtes vers la mort, que tu sois brûlé vif." Et ils écrivirent sur les tablettes en latin: Pionios qui s'est confessé lui-même chrétien, nous avons ordonné qu'il soit brûlé vif.

---

[50] Le slave est incorrect, ce qui dénonce une lacune ou un abrègement secondaire du texte.

[51] Complément dans le manuscrit de Moscou; voir p. 135.

[52] En transposition grecque, cela donnerait: εἰς τὸν θεὸν θεοπρεπῶς πιστεύειν ἔμαθον.

[53] Chute en slave de "Pourquoi es-tu devenu fou?"

Etant allé au lieu de justice avec hâte, et le komentarèsios étant venu, il se déshabilla lui-même. Puis, ayant reconnu, le très pur,[54] la beauté de son corps, il s'emplit d'une grande joie. Levant les yeux vers le ciel et rendant grâces à Dieu qui l'avait gardé tel, il s'étendit lui-même sur le bois et se livra au soldat pour être cloué. Quant il eut été cloué, le démosios dit de nouveau: "Repens-toi, et nous enlèverons les clous." Lui répondit: "J'ai senti qu'ils ne sont rien,[55] c'est pourquoi je me hâte pour que je me lève aussitôt," dénonçant la résurrection d'entre les morts. Ils le placèrent[56] donc sur le bois, puis après cela aussi un certain presbytre Métrodore de la foi marcionite. Il arriva de placer Pionios à droite, Métrodore à gauche, et les deux regardaient vers l'est. Du bois ayant été apporté, et l'ayant entassé en rond, Pionios ferma les yeux, en sorte que la foule pensait qu'il avait expiré. Lui, faisant sa prière en secret, quand il fut à la fin de sa prière, rouvrit les yeux. Encore la flamme étant grande, joyeux de visage, ayant dit en dernier lieu amen et ayant dit au Seigneur: "Reçois mon âme," comme éructant, doucement et sans douleur, il expira et rendit son esprit au Seigneur qui a promis de garder tout sang, toute âme qui a été injustement condamnée.

Le bienheureux Pionios, ayant vécu une telle vie, sans reproche, sans corruption, ayant toujours sa pensée tendue vers Dieu tout-puissant et vers le médiateur entre Dieu et les hommes, Jésus-Christ notre Dieu, c'est d'une telle fin qu'il fut digne, et ayant vaincu le grand combat il entra par la porte étroite dans la lumière large et grande. Sa couronne se marqua sur son corps: car après le feu nous le vîmes, étant venus, tel que le corps jeune, lissé, d'un athlète. Et ses oreilles étaient devenues brillantes, et son menton brillait comme de (quelqu'un) ayant sa première barbe, et encore son visage brillant: grâce merveilleuse, en sorte que les chrétiens s'affermissaient davantage dans la foi, et que les infidèles s'en allaient effrayés et se trouvant par la conscience[57] dans la crainte.

Saint Pionios fut martyrisé le mois de mars, 12e jour, le samedi à 10 heures, sous l'empereur Nanos,[58] et quant à nous régnant notre Seigneur

---

[54] Sûrement altéré de "la pureté et."
[55] Lu ὅτι οὐδέν εἰσι.
[56] Altéré sûrement de "ils le dressèrent."
[57] Peut être altéré de "et ayant la conscience."
[58] Sl. *pri Naně*: simple altération de *pri Trujaně* "sous Trajan"? Ou serait-ce un surnom donné par dérision à Trajan-Dèce, Νάννος, "Trajan le Petit," aurait dit Victor Hugo.

Jésus-Christ, à qui la gloire et la puissance dans les siècles des siècles. Amen.

*   *   *

Le Martyre est suivi en slave d'une Prière de saint Pionios (Supr. 142.14 – 144.26), dont l'original grec n'a pas été retrouvé. C'est la prière de Pionios avant de monter sur le bûcher. Elle est donnée comme traduite du latin en grec par "Vlasios, étant à Éphèse, en ce temps-là, dégagé de l'oeuvre de l'empereur" (ce qui pourrait répondre à quelque chose comme καταργηθεὶς ἀπὸ τοῦ ἔργου, et signifier que l'auteur, après avoir exécuté l'ordre de persécution, a pris le parti des persécutés). Visiblement, on le voit par le début, le texte veut que cet auteur soit le greffier du proconsul, celui qui a écrit en latin la condamnation: Qu'il soit brûlé vif — et qui aurait été ensuite touché par la grâce. Il n'y a même pas accord avec le récit du Martyre: Pionios est *devant* le bûcher qui flambe, et il s'agenouille pour faire sa prière, puis il entre dans le feu.

Les compléments du manuscrit russe de Moscou (Menées de Macaire) signalés par R. Abicht, *Archiv für slavische Philologie* 18 (1896), 156–57 en note:

P. 130: La pelle de feu dans les mains du Verbe de Dieu <pour> nettoyer l'aire. Car le sel s'est affadi et a été jeté dehors et a été foulé par les hommes.

P. 131: Texte qui répond au grec, débutant par: Ils disent aussi qu'ils ont fait de la nécromancie . . . et se terminant par: Et ne vous livrez pas à eux étant devenus sans espoir, frères, mais restez dans la repentance du Christ, car il est miséricordieux pour recevoir tous[59] comme des enfants.

P. 132: Rufinus ayant écouté ainsi se tut.

P. 133: Il répondit: "De la catholique." Il interrogea: "De quels catholiques?"

---

[59] Qui peut être altéré de "vous (recevoir)," note Abicht (mais sans gr. πάλιν).

D'après les indications d'Abicht, qui malheureusement ne reproduit pas le long passage chapitres XIII–XIV — et la publication (assez monumentale) des Menées de Macaire (douze gros in-quarto en manuscrit) n'a été réalisée que pour les premiers mois de l'année religieuse et n'a pas atteint le mois de mars — la version des menées russes est identique à celle du Suprasliensis, sauf les graphies russes et les fautes de copiste plus nombreuses. Il apparaît que la traduction vieux-slave initiale était intégrale, et qu'elle a subi des abrègements dans le Suprasliensis. Le traducteur, qui a été gêné pour rendre Agora, Néméseion, etc., avait dû seulement se débarrasser de quelques expressions et de quelques passages du grec qui faisaient pour lui difficulté et lui paraissaient peu utiles pour ses lecteurs slaves. Dans l'ensemble, la traduction est très exacte, et du type traduction mot-à-mot habituel en vieux-slave. Restituant un manuscrit grec du Xe siècle, elle apporte quelques variantes utiles.

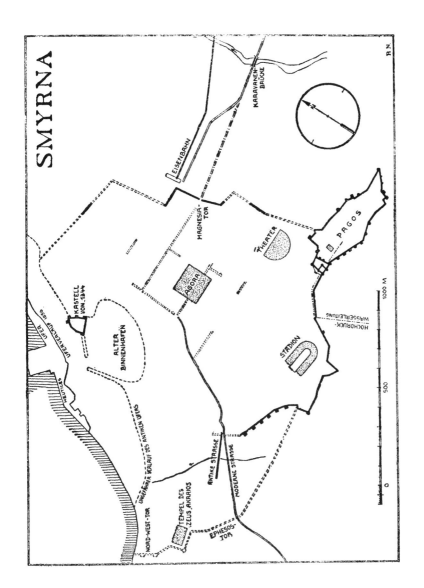

I. Plan de Smyrne, d'après Naumann

II. L'Agora de Smyrne — vers le nord-ouest (photographie L.R.)

III. L'Agora de Smyrne — côté ouest (διπυλίς à gauche) (photographie L.R.)

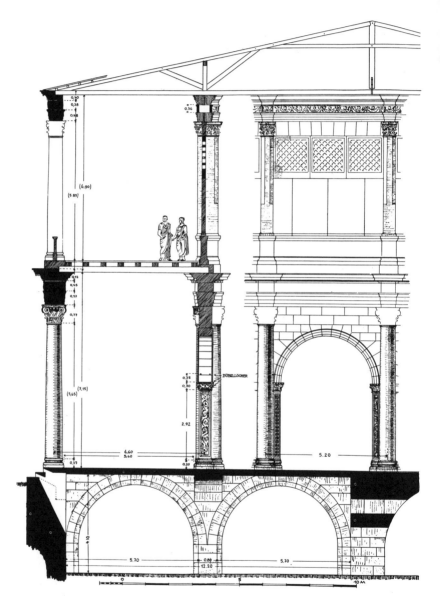

IV. Le portique de l'Agora de Smyrne (dessin Naumann)

V. À l'Agora de Smyrne: côté ouest — la διπυλίς (photographie L.R.)

VI. Petzl, *Inschr. Smyrna,* no. 741 ("Verbleib unbekannt") (photographie L.R.)

VII. Le songe d'Alexandre et les deux Néméseis (monnaie de Philippe l'Arabe): *SNG* (Brit. Mus.) 2231, publication autorisée par les Trustees of the British Museum

VIII. Le Néméseion à Smyrne (cistophore d'Hadrien): *British Museum Coins of the Roman Empire*, no. 1083, publication autorisée par les Trustees of the British Museum

INDEX DES MOTS GRECS

INDEX GÉNÉRAL